新生攻略

主　编：罗　瑜
副主编：梁瑞雪　陈更贵　费若怡

版权专有　侵权必究

图书在版编目（CIP）数据

新生攻略/罗瑜主编. —北京：北京理工大学出版社，2021.6（2023.4 重印）
ISBN 978 – 7 – 5682 – 9886 – 5

Ⅰ. ①新⋯　Ⅱ. ①罗⋯　Ⅲ. ①大学生 – 入学教育 – 指南　Ⅳ. ①G645.5 – 62

中国版本图书馆 CIP 数据核字（2021）第 107778 号

出版发行 /	北京理工大学出版社有限责任公司
社　　址 /	北京市海淀区中关村南大街 5 号
邮　　编 /	100081
电　　话 /	（010）68914775（总编室）
	（010）82562903（教材售后服务热线）
	（010）68944723（其他图书服务热线）
网　　址 /	http://www.bitpress.com.cn
经　　销 /	全国各地新华书店
印　　刷 /	三河市华骏印务包装有限公司
开　　本 /	787 毫米×1092 毫米　1/16
印　　张 /	5.75
字　　数 /	100 千字
版　　次 /	2021 年 6 月第 1 版　2023 年 4 月第 2 次印刷
定　　价 /	28.50 元

责任编辑 /	江　立
文案编辑 /	江　立
责任校对 /	周瑞红
责任印制 /	施胜娟

图书出现印装质量问题，请拨打售后服务热线，本社负责调换

- 新生攻略 No.1 | 跟着星巴克选大学
- 新生攻略 No.2 | 专业早知道——规划你的课程地图
- 新生攻略 No.3 | 别让细节影响毕业

Contents
目 录

新生攻略 No.1　跟着星巴克选大学

城市 > 高校 > 专业 ·· 2
  城市｜读大学，还是要去北上广？·························· 2
  城市｜哪些县城有前景？可以抄星巴克的答案············ 5
  高校｜高职 985 ··· 5
  专业｜成大事者不拘专业，得软实力者笑傲江湖········· 9

来昆山，到繁华的沿海上大学 ······························ 10
  Who is kunshan（昆山）？································· 10
  Where is kunshan（昆山）？······························· 11
  How many Starbucks in kunshan（昆山）？············ 11

登云科技，了解一下 ··· 13
  江湖地位 ·· 13
  登云名片 ·· 13
  登云家书 ·· 15
  魅力登云 ·· 19
  你的赛道 ·· 25

新生攻略 No.2　专业早知道——规划你的课程地图

培养方案 ·· 28
　　——助你成才，我们是专业的
　　　"昆山登云"培养方案 ·· 28
　　　"昆山登云"课程结构 ·· 30

校级课程 ·· 31
　　——国家/学校都重视的课程一定是要另眼相看的课程
　　　公共基础课程 ·· 31
　　　职业核心能力课程 ·· 31

行业课程 ·· 33
　　——背靠行业比"一招鲜"更持久

专业课程 ·· 39
　　——"一技之长"，叩开你职业生涯的敲门砖
　　　IT行业 ··· 39
　　　机械行业 ·· 40
　　　自控行业 ·· 41
　　　汽修行业 ·· 42
　　　轨交行业 ·· 43
　　　建工行业 ·· 43
　　　装修行业 ·· 44

  广告行业 ·· 45
  动漫行业 ·· 46
  商务行业 ·· 46
  服务行业 ·· 48

辅修课程 ·· 50
——"多维能力"才能实现"降维打击"
  辅修内容 ·· 50
  受众对象 ·· 50
  费用收取 ·· 50
  申报时间 ·· 51
  修读要求 ·· 51
  辅修成果 ·· 51

毕业条件 ·· 52
——我们是有"底线"的
  毕业学分 ·· 52
  学业成果 ·· 52
  技能证书 ·· 52
  服务学习 ·· 52
  破格条件 ·· 52

新生攻略 No.3　别让细节影响毕业

学籍资讯 54
　　入学 | 初来乍到先正身 54
　　专业 | 忠贞不贰 OR 朝秦暮楚 57
　　中断 | 中途离校的不同结局 59
　　毕业 | 求得真经 OR 半途而废 60

学业成绩 63
　　课标 | 师生契约 63
　　政策 | 学霸专享 64
　　政策 | 学赖不易 66
　　选修 | 自作主张 68
　　成绩 | 学习 KPI 70
　　评教 | 权利游戏 72

企业实习 74
　　目的 | 为什么要实习 74
　　计划 | 各专业实习安排 75
　　内容 | 实习学什么 77
　　政策 | 实习有什么要求 78

升学途径 78
　　专接本 79
　　专转本 81

新生攻略 No.1
跟着星巴克选大学

城市 > 高校 > 专业

◆ 城市 | 读大学，还是要去北上广？

摘自《选错大学后悔四年，选错城市后悔一辈子》
文章来源："网易数读"　作者：周逸天　发布于 2018-06-30

专业很重要，但是城市往往更重要。

因为大城市通常意味着更多的工作机会，尤其是和你所学专业对口的工作机会，还有更高的平均薪资。而在中小城市，你的专业可能连一份不错的实习工作都找不到。

为了展现地区差异，数读菌还统计了不同地区的招聘数量。一线城市上海、深圳、广州、北京毫无疑问地以超过万份的招聘数量排在前 4 位。

排在其后的二线城市杭州、成都、南京、武汉等地的职位数量均不到上海的一半。不过，可以看到在二线城市的人才争夺战中，杭州和成都以超过 5000 份招聘机会遥遥领先西安、武汉等地。

在北方地区，北京一地独大，工作机会非常多，但是其他地区明显落后，仅有部分省会还算有机会。长三角和珠三角则不同，多个城市共同繁荣，并且提供大量的工作机会。

如果再计算不同城市的平均薪酬，依然是南方普遍较高，北方普遍偏低。其中，北京、上海、深圳以每月过万元平均薪资，牢牢占据前 3 位（图 1.1）。紧随其后的还是长三角与珠三角的大中城市，从杭州、温州、苏州到东莞、佛山，都以超过每月 8 千元的平均薪资领跑全国。

相比之下中部城市就要逊色一些，中部的多数省会如武汉、郑州、合肥的平均值在 7 千元左右。

巨大的竞争压力与生活压力仍然阻挡不了年轻人奔向一线城市的脚步，而这一切最原始的动力还是钱与机会的问题。在数读菌统计的 48 个城市中，北、上、广、深 4 座城市的招聘数量就占到了 50% 以上。

表 1.1 为全国各地区最低工资标准情况。

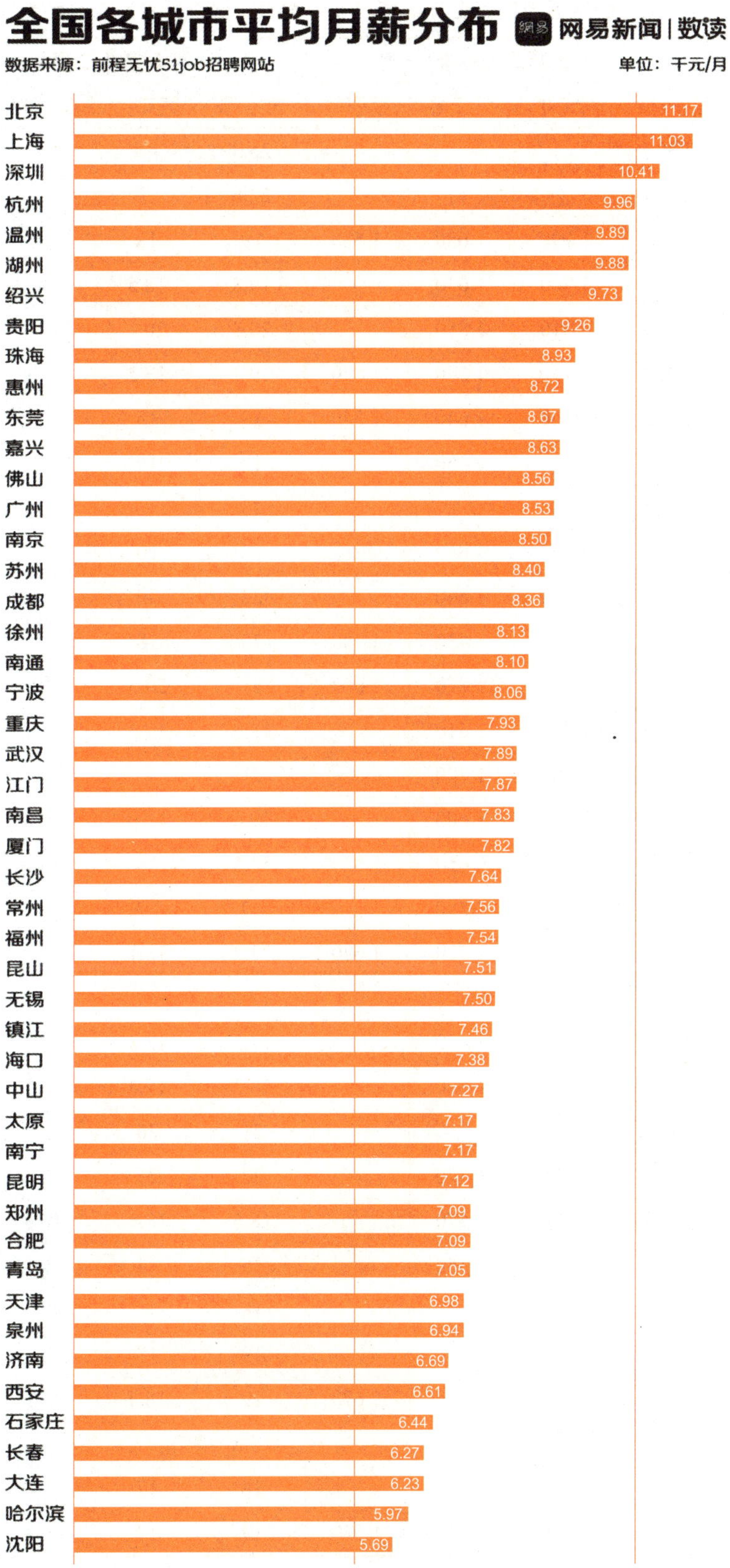

全国各城市平均月薪分布 网易新闻|数读

数据来源：前程无忧51job招聘网站　　　　　　　单位：千元/月

北京	11.17
上海	11.03
深圳	10.41
杭州	9.96
温州	9.89
湖州	9.88
绍兴	9.73
贵阳	9.26
珠海	8.93
惠州	8.72
东莞	8.67
嘉兴	8.63
佛山	8.56
广州	8.53
南京	8.50
苏州	8.40
成都	8.36
徐州	8.13
南通	8.10
宁波	8.06
重庆	7.93
武汉	7.89
江门	7.87
南昌	7.83
厦门	7.82
长沙	7.64
常州	7.56
福州	7.54
昆山	7.51
无锡	7.50
镇江	7.46
海口	7.38
中山	7.27
太原	7.17
南宁	7.17
昆明	7.12
郑州	7.09
合肥	7.09
青岛	7.05
天津	6.98
泉州	6.94
济南	6.69
西安	6.61
石家庄	6.44
长春	6.27
大连	6.23
哈尔滨	5.97
沈阳	5.69

图1.1　全国各城市平均月薪分布

表1.1 全国各地区最低工资标准情况（数据时间截至2022年4月1日）

地区	月最低工资标准				小时最低工资标准			
	第一档	第二档	第三档	第四档	第一档	第二档	第三档	第四档
北京	2 320				25.3			
天津	2 180				22.6			
河北	1 900	1 790	1 680	1 580	19	18	17	16
山西	1 880	1 760	1 630		19.8	18.5	17.2	
内蒙古	1 980	1 910	1 850		20.8	20.1	19.5	
辽宁	1 910	1 710	1 580	1 420	19.2	17.2	15.9	14.3
吉林	1 880	1 760	1 640	1 540	19	18	17	16
黑龙江	1 860	1 610	1 450		18	14	13	
上海	2 590				23			
江苏	2 280	2 070	1 840		22	20	18	
浙江	2 280	2 070	1 840		22	20	18	
安徽	1 650	1 500	1 430	1 340	20	18	17	16
福建	2 030	1 960	1 810	1 660	21	20.5	19	17.5
江西	1 850	1 730	1 610		18.5	17.3	16.1	
山东	2 100	1 900	1 700		21	19	17	
河南	2 000	1 800	1 600		19.6	17.6	15.6	
湖北	2 010	1 800	1 650	1 520	19.5	18	16.5	15
湖南	1 930	1 740	1 550		19	17	15	
广东	2 300	1 900	1 720	1 620	22.2	18.1	17	16.1
其中：深圳	2 360				22.2			
广西	1 810	1 580	1 430		17.5	15.3	14	
海南	1 830	1 730	1 680		16.3	15.4	14.9	
重庆	2 100	2 000			21	20		
四川	2 100	1 970	1 870		22	21	20	
贵州	1 790	1 670	1 570		18.6	17.5	16.5	
云南	1 670	1 500	1 350		15	14	13	
西藏	1 850				18			
陕西	1 950	1 850	1 750		19	18	17	
甘肃	1 820	1 770	1 720	1 670	19	18.4	17.9	17.4
青海	1 700				15.2			
宁夏	1 950	1 840	1 750		18	17	16	
新疆	1 900	1 700	1 620	1 540	19	17	16.2	15.4

◆ 城市 | 哪些县城有前景？可以抄星巴克的答案

摘自《哪些县城的楼市有前景？可以抄星巴克的答案》
文章来源："吴晓波频道" 作者：魏丹荑 发布于 2020-08-23

吴晓波频道总编辑魏丹荑在其主讲的《我的房产计划》王牌课程中，分享过几位房产专家选出的最具房产长线投资价值的 15 个城市，但她也提到，这些城市几乎全都有严格的限购政策，而且房价不低，购房门槛比较高。更重要的是，全中国有数百个城市，一二线城市毕竟是少数。所以很多人更关心的是，身处三四五六线城市，房子还值不值得投资，应该怎么挑选。

同样的，一线城市资源丰厚，机会频频，但高昂的房价和生活成本的压力，也让很多学生在选择城市的过程中望而却步。那么不妨参考一下三四五六线城市的房价后劲，看看那些活跃在大城市周边的中小城市前景如何。我们可以通过一个问题来知道答案。

问题：你所在的城市有星巴克吗？

在过去，我们普遍认为县城的消费力是不行的，星巴克怎么会去县城开店？但现在，星巴克在全国 70 多个县域城市都已经开了店，而且还会开更多。根据星巴克的计划，到 2022 年，全国门店数量会扩张到 6000 家，入驻超过 230 个城市。

中国肯定是没有 230 个一二线城市的，那么三四五六线城市就会是星巴克未来扩张的主战场。

为什么要问这个问题呢？

因为星巴克开店代表着国际一流企业对一个城市经济活力的认可。星巴克的每家门店都是经过认真仔细地调研的，如果开了肯定是想要一直开下去。所以想知道三四五六线城市的前景，可以先看看星巴克有没有进入这些城市的计划。星巴克反映的是城市的活力疆域，它开在哪儿，就说明哪儿相对比较繁华。

◆ 高校 | 高职 985

有别于本科院校众所周知的"985""211"，大部分考生及家长在高考志愿填报的时候，对高职专科院校都不太了解，在高职领域，是否有类似本科院校的光环效应？

1. 国家示范性高职院校

国家示范性高等职业院校建设计划是为了提升高等职业院校的办学水平，我国教育部启动了被称为"高职 211"的"百所示范性高等职业院校建设工程"。首批立项建设的有 28 所院校，第二批立项建设的有 42 所院校，第三批立项建设的有 30 所院校，共100所。这些示范性高职院校是一个省高职院校的典范，也基本上是一个省比较强的院校。

2. 国家骨干高职院校

教育部和财政部联合下发了《关于进一步推进"国家示范性高等职业院校建设计划"实施工作的通知》，在原有已建设100所国家示范性高等职业院校的基础上，新增100所左右国家骨干高职院校，以此继续推进"国家示范性高等职业院校建设计划"。

3. "双高计划"高职院校

2019年12月13日，中国特色高水平高职学校和高水平专业建设计划名单正式发布，简称"双高计划"，共有197所高职学校入选。这是继我国普通高等教育"双一流"后，国家在职业教育领域的又一次重要制度设计。

在197所高职学校中，高水平学校建设单位56所（A档10所、B档20所、C档26所），高水平专业群建设单位141所（A档26所、B档59所、C档56所）。

在上述国家层面遴选建设的基础上，各省也开展了省级示范性高职院校、骨干高职院校的遴选、建设与培育工作。填报志愿时，在建议"城市＞学校"的区位优势下，首选国家级示范性（骨干）高职院校，其次再选省级示范性（骨干）院校。表1.2为江苏省高职院校一览表。

表1.2　江苏省高职院校一览表（排名不分先后，仅供参考）

区域	所在市	所在区	学校代码	学校名称	政府评价
苏南	南京	仙林	10850	南京工业职业技术大学	高职本科
苏南	苏州	工业园	12809	苏州工业园区职业技术学院	国家级示范院校
苏南	南京	浦口	12920	南京科技职业学院	国家级骨干院校
苏南	无锡	滨湖	10848	无锡职业技术学院	国家双高学校A
苏南	镇江	句容	13103	江苏农林职业技术学院	国家双高学校A
苏南	常州	武进	12317	常州信息职业技术学院	国家双高学校B
苏南	南京	仙林	13112	南京信息职业技术学院	国家双高学校B
苏南	常州	武进	13114	常州机电职业技术学院	国家双高学校C
苏南	南京	江宁	12047	江苏经贸职业技术学院	国家双高学校C
苏南	常州	武进	13102	常州工程职业技术学院	国家双高专业B
苏南	南京	江宁	12679	江苏海事职业技术学院	国家双高专业B
苏南	南京	浦口	13106	南京铁道职业技术学院	国家双高专业C
苏南	苏州	吴中	12686	苏州工业职业技术学院	国家双高专业C
苏南	无锡	惠山	12702	无锡商业职业技术学院	国家双高专业C

续表

区域	所在市	所在区	学校代码	学校名称	政府评价
苏南	常州	武进	12807	常州纺织服装职业技术学院	省市级示范院校
苏南	常州	武进	13101	常州工业职业技术学院	省市级示范院校
苏南	南京	浦口	14255	江苏卫生健康职业学院	省市级示范院校
苏南	南京	江宁	14180	南京旅游职业学院	省市级示范院校
苏南	苏州	虎丘	12685	苏州经贸职业技术学院	省市级示范院校
苏南	苏州	虎丘	12688	苏州卫生职业技术学院	省市级示范院校
苏南	苏州	太仓	13751	苏州健雄职业技术学院	省市级示范院校
苏南	苏州	昆山	13963	昆山登云科技职业学院	省市级示范院校
苏南	苏州	工业园	14295	苏州工业园区服务外包职业学院	省市级示范院校
苏南	无锡	惠山	13108	江苏信息职业技术学院	省市级示范院校
苏南	无锡	宜兴	13749	无锡工艺职业技术学院	省市级示范院校
苏南	无锡	滨湖	12681	无锡科技职业学院	省市级示范院校
苏南	南京	江宁	12804	南京交通职业技术学院	江苏高水平建设
苏南	苏州	姑苏	12808	苏州农业职业技术学院	江苏高水平建设
苏南	苏州	吴中	10960	苏州工艺美术职业技术学院	江苏高水平建设
苏南	常州	钟楼	14543	江苏城乡建设职业学院	暂无
苏南	常州	新北	13105	建东职业技术学院	暂无
苏南	南京	全省	12678	江苏联合职业技术学院	暂无
苏南	南京	鼓楼	14000	江苏城市职业学院	暂无
苏南	南京	江宁	12921	正德职业技术学院	暂无
苏南	南京	江宁	13100	金肯职业技术学院	暂无
苏南	南京	江宁	14056	南京机电职业技术学院	暂无
苏南	南京	栖霞	12922	钟山职业技术学院	暂无
苏南	南京	溧水	14001	南京城市职业学院	暂无
苏南	南京	溧水	13964	南京视觉艺术职业学院	暂无
苏南	南京	江宁	12680	应天职业技术学院	暂无
苏南	苏州	吴中	11054	苏州职业大学	暂无
苏南	苏州	张家港	11288	沙洲职业工学院	暂无
苏南	苏州	昆山	12078	硅湖职业技术学院	暂无
苏南	苏州	昆山	12687	苏州托普信息职业技术学院	暂无
苏南	苏州	虎丘	14163	苏州高博软件技术职业学院	暂无
苏南	苏州	吴江	14256	苏州信息职业技术学院	暂无
苏南	苏州	工业园	13962	苏州百年职业学院	暂无

续表

区域	所在市	所在区	学校代码	学校名称	政府评价
苏南	苏州	相城	15583	苏州幼儿师范高等专科学校	暂无
苏南	无锡	惠山	13748	无锡城市职业技术学院	暂无
苏南	无锡	新吴	12923	无锡南洋职业技术学院	暂无
苏南	无锡	惠山	13017	江南影视艺术职业学院	暂无
苏南	无锡	江阴	13137	江阴职业技术学院	暂无
苏南	无锡	滨湖	12918	太湖创意职业技术学院	暂无
苏南	镇江	丹徒	11051	镇江市高等专科学校	暂无
苏南	镇江	扬中	13750	金山职业技术学院	暂无
苏南	镇江	京口	14568	江苏航空职业技术学院	暂无
苏中	泰州	海陵	12806	江苏农牧科技职业学院	国家双高学校B
苏中	南通	崇川	10958	江苏工程职业技术学院	国家双高专业B
苏中	南通	崇川	11052	南通职业大学	国家双高专业C
苏中	南通	崇川	12703	南通航运职业技术学院	江苏高水平建设
苏中	南通	崇川	12684	南通科技职业学院	省市级示范院校
苏中	泰州	海陵	12106	泰州职业技术学院	省市级示范院校
苏中	扬州	邗江	13754	扬州工业职业技术学院	省市级示范院校
苏中	南通	港闸	14475	江苏商贸职业学院	暂无
苏中	南通	崇川	14493	南通师范高等专科学校	暂无
苏中	扬州	各区	11462	扬州市职业大学	暂无
苏中	扬州	邗江	13113	江海职业技术学院	暂无
苏中	扬州	邗江	14604	江苏旅游职业学院	暂无
苏中	扬州	邗江	14528	扬州中瑞酒店职业学院	暂无
苏北	徐州	泉山	10849	江苏建筑职业技术学院	国家双高专业A
苏北	淮安	清江浦	13104	江苏食品药品职业技术学院	国家双高专业B
苏北	徐州	鼓楼	13107	徐州工业职业技术学院	国家双高专业C
苏北	淮安	清江浦	12805	淮安信息职业技术学院	省市级示范院校
苏北	淮安	清江浦	13753	江苏财经职业技术学院	省市级示范院校
苏北	盐城	盐都	12682	江苏医药职业学院	省市级示范院校
苏北	盐城	盐都	13752	盐城工业职业技术学院	省市级示范院校
苏北	淮安	清江浦	14541	江苏护理职业学院	暂无
苏北	淮安	涟水	12919	炎黄职业技术学院	暂无
苏北	连云港	海州	11050	连云港职业技术学院	暂无

续表

区域	所在市	所在区	学校代码	学校名称	政府评价
苏北	连云港	海州	11585	连云港师范高等专科学校	暂无
苏北	连云港	海州	14542	江苏财会职业学院	暂无
苏北	宿迁	宿豫	14293	宿迁泽达职业技术学院	暂无
苏北	宿迁	宿豫	13110	宿迁职业技术学院	暂无
苏北	徐州	铜山	12054	九州职业技术学院	暂无
苏北	徐州	经开	14329	徐州幼儿师范高等专科学校	暂无
苏北	徐州	贾汪	14589	江苏安全技术职业学院	暂无
苏北	徐州	泉山	14401	徐州生物工程职业技术学院	暂无
苏北	盐城	盐都	15466	盐城幼儿师范高等专科学校	暂无
苏北	盐城	射阳	10826	明达职业技术学院	暂无

◆ 专业 | 成大事者不拘专业，得软实力者笑傲江湖

在目前公认的四种教育意识形态下（图1.2），高职院校如何提升社会效率，让每位学生在"社会"这家大公司内找到适合的位置并推进其稳步运行，取得了高度共识，这也是我们普遍意义上对专业的认知。但是，"解决问题"这个命题本身是包含了很多非技术因素的。

学术传承
一起追求真理

社会效率
如何解决问题

以学习者为中心
长成你的样子

社会重构
让世界变得更美好

图1.2　教育意识形态

世界万物是相关联的。在面临现实问题的时候，我们往往很难清晰地界定我们所面对的问题究竟是一个心理学问题，是一个管理学问题，还是一个工程学问题。

而产业时不我待，商界教皇汤姆·彼得斯说：市场变得像时装、流行色一样不可捉摸，产品更新必须跟上这个"毫微秒"时代。

这将带来的结果是，我们会成为在职业生涯中不得不彻底变换行业的一代人。这将意味着，我们在大学学的东西，注定某天几乎会毫无用处，必须重学。人类的生命周期越来越长，产业的生命周期越来越短，也就是说，我们将经历几段完全不同的商业人生。

亚马逊的贝索斯说，我们需要将未来的战略建立在不变的事物上。

相比于专业，我们希望学生们能够关注一个学校所能给你提供的平台、展示的机会和对外的资源。

来昆山，到繁华的沿海上大学

 Who is kunshan（昆山）？

昆山——一个有戏的地方。
- 多年蝉联全国百强县排行榜第一。
- 2017 中国县级市全面小康指数第一。
- 福布斯"中国大陆最佳商业城市排行榜"子榜单第一。
- 2018 中国最具幸福感城市。
- ……

摘自《2019 年昆山市国民经济和社会发展统计公报》
文章来源：昆山市人民政府　发布于 2020-04-21

全年实现地区生产总值（GDP）4045.06 亿元，按可比价计算，比上年增长 6.1%。其中，第一产业增加值 30.34 亿元，下降 2.3%；第二产业增加值 2072.49 亿元，增长 5.2%；第三产业增加值 1942.23 亿元，增长 7.3%，第三产业增加值占地区生产总值比重 48%，比上年提高 1.5 个百分点。按常住人口计算，人均地区生产总值 24.26 万元，按年均汇率测算，达 3.52 万美元。

完成一般公共预算收入 407.31 亿元，比上年增长 5%。其中，税收收入 369.01 亿元，增长 3.7%，税收收入占一般公共预算收入比重的 90.6%。

年末全市拥有市场主体 516688 户，成为全省首个市场主体突破 50 万户的县级市。其中，内资企业（含私营企业）136908 户，外商投资企业 5835 户，农民专业合作社 487 户，个体工商户 373458 户。

说明：GDP 每增加一个百分点可以拉动就业人口 100 万～150 万。公报数据体现了昆山地区的产业结构，财政税收与庞大的企业规模暗含了巨大的岗位数量与就业机会。

摘自《苏州外来人口这么多 占比大头竟在昆山》
文章来源：搜狐网　发布于 2018-06-07

21 世纪，最宝贵的就是人才，投资人才就是投资城市的未来，人才已经成为城市发展与转型升级的第一要素，并且得到了全社会的统一认可。从 2017 年起，"人口争夺战"的白热化从一线城市蔓延到了准一线和二三线城市。

苏州是江苏省外来人口数和外来人口指数均列第一的全省第一大移民城市，人口的净流入代表了一座城市的活力，在整个苏州，户籍外来人口职住区域分布中，昆山占比22%，居首，因紧挨上海的原因，流动外来人口中职住在昆山的占比更是高于户籍外来人口，达到了25.5%。

◆ Where is kunshan（昆山）?

这里距"北上广"的"上"也就不到20分钟，房价却不到"上"的1/2。
- 苏昆沪同城地铁沿线中心。
- 距离魔都上海、天堂苏州东西左右30分钟车程。

图1.3为昆山地理位置和昆山登云科技职业学院所在位置。

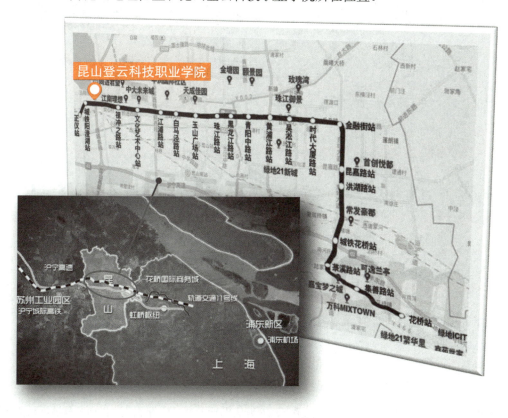

图1.3　昆山地理位置和昆山登云科技职业学院所在位置

◆ How many Starbucks in kunshan（昆山）?

昆山有30家星巴克，同属苏州的其他县级市有多少家星巴克？
常熟：13家，张家港：13家，太仓：7家。
图1.4为昆山部分星巴克分布图。

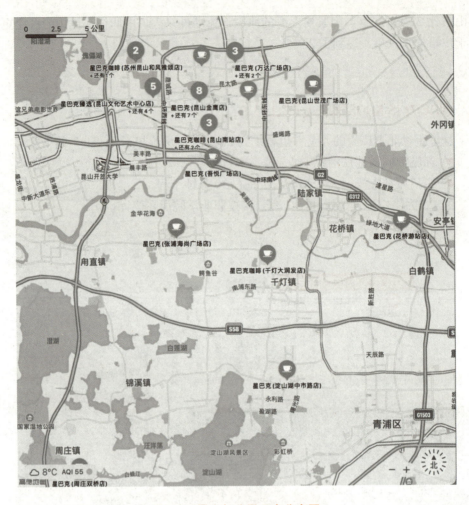

图 1.4　昆山部分星巴克分布图

星巴克（金鹰国际购物中心店）	星巴克（昆山中楠都汇广场店）	星巴克（昆山长江路店）
星巴克（昆山万象汇店）	星巴克（昆山世茂广场店）	星巴克（昆山春晖路店）
星巴克（后街商业广场店）	星巴克（经开万达店）	星巴克（昆山三角塔店）
星巴克（万达广场店）	星巴克臻选（昆山金鹰尚美店）	星巴克臻选（昆山宾馆店）
星巴克（九方城店）	星巴克（昆山超华欧尚店）	星巴克（昆山亭林公园店）
星巴克（百盛店）	星巴克（昆山文化艺术中心店）	星巴克（花桥游站店）
星巴克（昆城广场店）	星巴克（昆山和风雅颂店）	星巴克（千灯大润发店）
星巴克（大渔商业广场店）	星巴克（昆山一院友谊分院店）	星巴克（淀山湖中市路店）
星巴克（昆山巴黎春天店）	星巴克（昆山南站店）	星巴克（张浦海尚广场店）
星巴克（吾悦广场店）	星巴克（昆山人民路店）	星巴克（周庄双桥店）

登云科技，了解一下

江湖地位

江苏共有 89 所高等院校（图 1.5）。

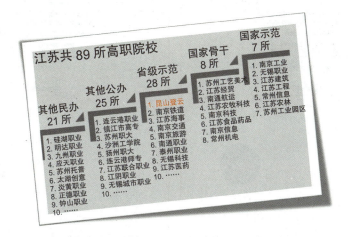

图 1.5　江苏高等院校

登云名片

表 1.3 和图 1.6 为昆山登云科技职业学院所获荣誉。

表 1.3　学校实力/荣誉

实力/荣誉	授予/评价单位
悉尼协议认证院校（培养质量国际实质等效）	中华工程教育学会
江苏省示范性高等职业院校	江苏省教育厅
江苏省高等教育综合改革自主试点学校	江苏省教育厅
全省百佳学生资助工作典型单位	江苏省教育厅
江苏省平安校园	江苏省教育厅
江苏省平安校园建设示范高校	江苏省教育厅
江苏省民办高校党建考核优秀单位	江苏省教育厅
江苏省"十二五"高等学校重点专业建设单位	江苏省教育厅
江苏省高水平骨干专业建设单位	江苏省教育厅
江苏省高等职业院校高水平专业群建设单位	江苏省教育厅
中央财政支持实训基地建设单位	教育部/财政部
江苏省"十三五"高等职业教育产教深度融合实训平台建设单位	江苏省教育厅
江苏省电子商务人才培训基地	江苏省商务厅
苏州市职业教育先进单位	苏州市教育局

图 1.6　学校荣誉

登云家书

1. 登云由来

- "登云"即为昆山登云科技职业学院举办人王广生父亲王宗山原名,"登云"二字作为校名有以下两层含义:一是中华腾飞、昆山腾飞之意;二是举办人继承父亲遗志,兴办教育、忠心报国之意。
- 王宗山(王登云),曾任孙中山先生英文秘书,三十八军参议,是"汉中密约"核心人物之一,后随胡宗南至我国台湾地区,兴办教育,成就斐然,创办了台湾明新科技大学。
- 举办人王广生,继承其父王登云遗志,办学报国,创办了昆山登云科技职业学院。

2. 登云使命

成就学生未来　助力区域发展

3. 登云愿景

学生最爱　企业追求　创业者摇篮

4. 登云价值观

以生为本　成果导向　服务社会　止于至善

5. 登云校训

诚正　弘毅　奋进　创新

6. 培养目标

培养具有工匠精神、可持续发展能力、业界乐用的技术技能人才。
预期5年左右的毕业生:

- 适应能力好,敬业乐群,在同事中出彩。
- 动手能力强,技能精湛,在同行中出色。
- 创造能力高,事业有成,在同龄中出众。

7. 毕业要求

图1.7为昆山登云科技职业学院学生毕业时应具备的核心能力。

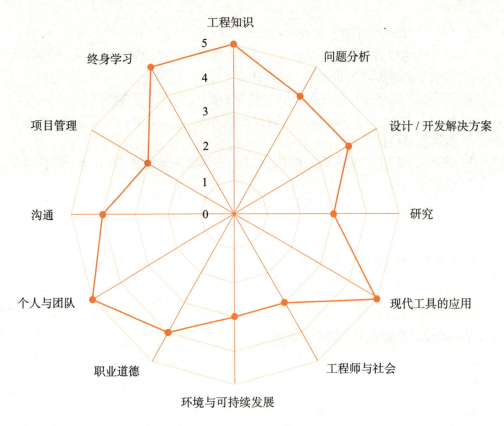

图 1.7 核心能力

8. 学涯规划

图1.8为昆山登云科技职业学院学生的学涯规划。

图 1.8 学涯规划

9. 登云校歌

图 1.9 为昆山登云科技职业学院的校歌。

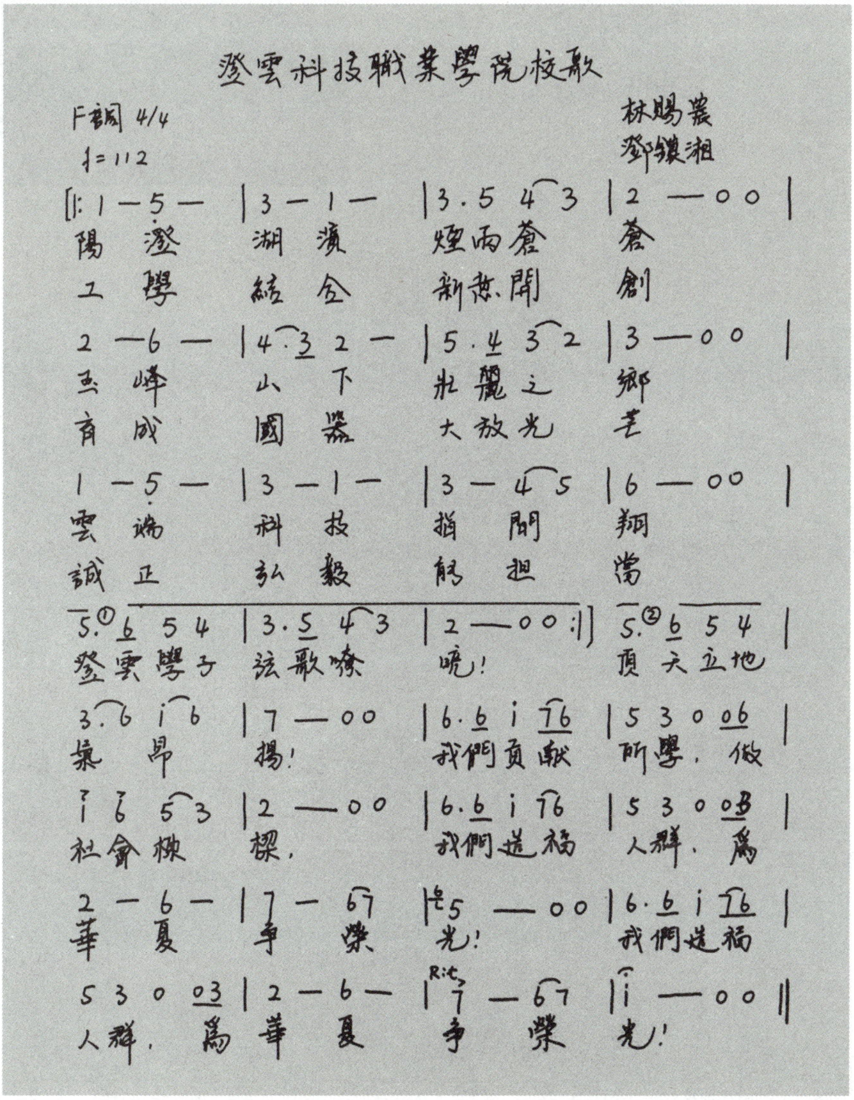

图 1.9 登云校歌

10. 登云地图

扫一扫，看登云

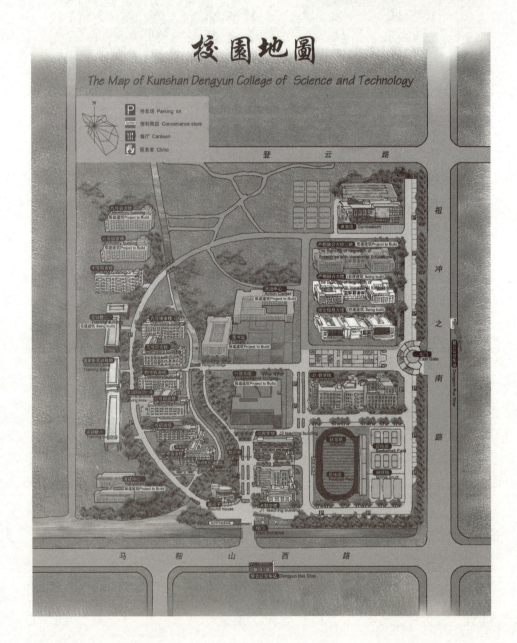

◆ 魅力登云

1. 文化登云

扫一扫，看登云

四季的午后
一面落地的玻璃窗
一杯袅袅的热茶
一本好书
一段幽静的时光

腹有诗书气自华
静好大学岁月
　　——登云图书馆在这里等你

厦门大学？
芙蓉隧道？
还在羡慕别人家的墙体彩绘，追忆童年时妈妈不让上墙的蜡笔画？
　　——登云开放的校园文化等你来上色

都说物以类聚，人以群分
都说要看透一个人，就先看透他的朋友圈
杜克大学
世界顶级知名学府
与你相距3公里，骑行18分钟
　　——我在距 杜克大学 3.6公里的登云学院等你

| 新生攻略 |

昆山文化艺术中心

许多人留在北上广的原因往往在于一场高品质的音乐剧
不管你来自何处去向何方，登云周边，2公里之外，10分钟骑行
体验这座城市的高品位，昆山文化艺术中心（保利大剧院）

——各类剧展等你来品味

互动式话剧《裁决》…
2022.09.04 19:30
￥80-￥280　　戏剧

开心麻花爆笑舞台剧…
2022.09.16 19:30
￥100-￥480　　戏剧

音乐剧《生死签》-昆山
2022.09.14 19:30
￥100-￥380　　音乐剧

保利城市岛屿音乐季·…
2022.08.24 19:30
￥100-￥380　　演唱会

江南水乡文化的扛把子
中国第一水乡
江南首富沈万三故居
梦里周庄
　大学三年你不得不去的地方

江苏"南大门"
中国民间博物馆之乡
陈妃水冢
锦溪——南宋千年的遗韵……

百戏之祖昆曲发源地
千灯——先贤顾炎武故乡

天下兴亡　匹夫有责

2. 活力登云

扫一扫，看登云

一个风雨无阻的室内篮球场
是每一个大腹便便的中年男子对青春的最佳缅怀
——登云学院生活动中心

来吧，来这里留下你最潇洒的样子

还不够？
昆山体育中心
距离国际国内赛事
只需骑行12分钟
2.4公里
比肩运动达人
挑战，你怕了吗？
——昆山体育中心

3. 食在登云

扫一扫，看登云

这里不是台北夜市
我是你……
……
可爱的食堂
肥胖的毒药
控制不住的开始
——登云美食广场
迈开你的腿就别想管住你的嘴

还有那
乾隆赞过的奥灶面

和桨声灯影里的
阳澄湖
大闸蟹

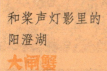

4. 享购登云

扫一扫,看登云

这里冬有湃客咖啡暖你心
夏有哈根达斯送冰爽
这里是你的深夜食堂

一家校园内的便利店
除了台湾淡水,我只知道昆山登云
——全家(登云店)
全家就是你家

小小的便利店
Hold 不住你大大的购买欲
跑去上海苏州又有点远(Far)

智谷小镇
3.5公里　推荐出行:骑行17分钟

万象汇
4.3公里　推荐出行:打车13分钟,公交33分钟

昆山九方购物中心
8.8公里　推荐出行:打车16分钟,公交46分钟

金鹰国际购物中心(昆山店)
9.3公里　推荐出行:打车18分,公交50分钟

你的赛道

1. 毕业文凭国际实质等效

昆山登云科技职业学院于 2019 年起各专业陆续通过悉尼协议专业认证，认证专业的文凭可获得国际认可。

图 1.10 为昆山登云科技职业学院学生培养过程。

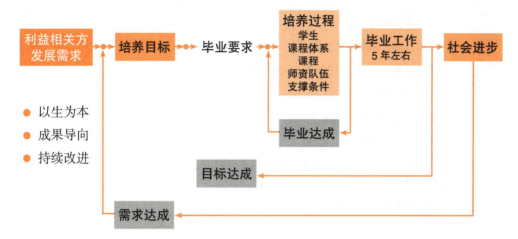

图 1.10　学生培养过程

图 1.11 为国际工程教育协定促进工程师专业流动示意图。

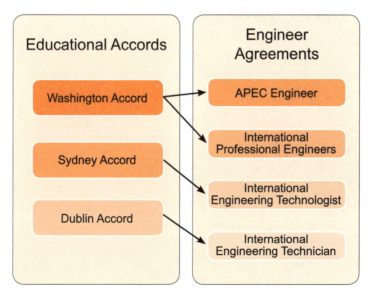

图 1.11　专业流动示意图

2. 技能竞赛奖金丰厚

学院注重学生发展，鼓励学生参与含金量高，影响力大的省级、国家级赛事，并对此制定了丰厚的奖励标准（表1.4）。

表1.4 学生参加各级各类技能竞赛奖励标准

单位：万元

级别	竞赛名称	一等奖	二等奖	三等奖
国	全国职业院校技能大赛	10	5	3
	世界技能大赛全国选拔赛	10	5	3
	"互联网+"大学生创新创业大赛总决赛	5	3	2
省	江苏省高等职业院校技能大赛	5	3	2
	世界技能大赛江苏选拔赛	5	3	2
	江苏技能状元大赛	5	3	2
	"互联网+"大学生创新创业大赛国赛选拔赛暨江苏省省赛	3	2	1
市	苏州市技能状元大赛	1	0.5	0.3

说明：（1）国家奖学金标准 0.8 万元/年，国家助学金标准 0.3 万元/年～0.8 万元/年。

（2）每个院校的参赛机会都是均等的，但在国家级示范性（骨干）院校，参赛的人选却不一定是你。

（3）昆山登云科技职业学院连续五年，每年在江苏省高等职业院校技能大赛获得二、三等奖赛项若干。

（4）在江苏技能状元大赛获得三等奖若干。

新生攻略 No.2
专业早知道——规划你的课程地图

培养方案
——助你成才，我们是专业的

◆ "昆山登云"培养方案

1. 什么是培养方案

培养方案本质上来说就是学校和学生之间的契约。

大家在携程下单购买旅游产品的时候不也总想看看这一次的旅程将会带你去哪些景点？门票多少钱？住几星级的酒店？吃多少餐标的三餐？

培养方案也一样，它告诉你为什么而付费。通过三年在校学习，它将帮助你实现自身技能与能力在哪些方面的增值与产出，同时你必须履行哪些应尽的义务。

2. 培养方案三要素

图 2.1 为昆山登云科技职业学院培训方案三要素，表 2.1 为三要素的说明。

图 2.1 培养方案三要素

表 2.1 三要素的说明

培养目标 毕业5年后你的样子	校级 培养具有工匠精神、可持续发展能力、业界乐用的技术技能人才。 预期5年左右的毕业生： （1）适应能力好，敬业乐群，在同事中出彩。 （2）动手能力强，技能精湛，在同行中出色。 （3）创造能力高，事业有成，在同龄中出众。 院级/专业 各二级学院和专业在校级培养目标的基础上都会设定本学院和本专业的、更为细化的、有针对性的培养目标

核心能力	指导维度
毕业时你应该具备的能力	（1）工程知识：将数学、科学、工程基础知识和工程专业知识应用于已定义和应用的工程程序、过程、系统或方法。 （2）问题分析：使用适合其学科或专业领域的分析工具，识别、制定、研究文献并分析广泛定义的工程问题，从而得出实证结论。 （3）设计/开发解决方案：为广泛定义的工程技术问题设计解决方案，并且要有助于设计系统、组件或流程，以满足特定需求，同时适当考虑公共健康和安全、文化、社会和环境因素。 （4）研究：对广泛定义的问题进行调查；从法规、数据库和文献中定位、搜索、选择相关数据、设计，进行实验以提供有效的结论。 （5）现代工具的应用：选择并应用适当的技术、资源、现代工程和IT工具，包括预测和建模，以及广泛定义的工程活动，同时了解这些限制。 （6）工程师与社会：展示对社会、健康、安全、法律和文化问题的理解以及与工程技术实践相关的后续责任。 （7）环境与可持续发展：了解工程技术解决方案在社会和环境背景下的影响，并展示可持续发展的知识和需求。 （8）职业道德：理解并致力于工程技术实践的职业道德和责任以及规范。 （9）个人与团队：作为个人有效运作，并作为不同技术团队的成员或领导者。 （10）沟通：能够通过理解和编写有效的报告和设计文档，进行有效的演示，以及提供和接收明确的指示，与工程界和整个社会有效地进行广泛定义的工程活动。 （11）项目管理：展示对工程管理原则的了解和理解，并将其应用于自己的工作，作为团队的成员和领者，在多学科环境和管理项目中应用。 （12）终身学习：认识到需要并有能力在专业技术中进行独立学习、终身学习。 **说明**：核心能力的指导维度主要依据工程教育与工程师国际互认体系，包括《华盛顿协议》《悉尼协议》《都柏林协议》
课程结构	课程结构告诉你开设了哪几个类型的课程，以及我们为什么要设置这样的类型；同时这几类课程下面都包含了哪些课程，以及为什么选择这些课程。 这些内容我们将在下一部分做更为详尽的介绍

在培养方案中，我们会通过关联矩阵的形式，更为直观地呈现出核心能力是如何支撑培养目标，而课程设置又是如何支撑核心能力的。

3. 其他因素

除了上述最紧要的培养方案三要素，培养方案还包括：

专业名称	修业年限	入学要求
课程清单	修业计划	毕业条件

我们已经用相对简单直白的语言都明明白白地写在每个专业的具体培养方案中了。

◆ "昆山登云"课程结构

1. 课程结构一览表

表 2.2 为课程结构。

表 2.2　课程结构

序号	课程类别	学分/分	比例/%
1	公共基础课程（教育部）	14	10
2	职业核心能力课程（校级）	36	26
3	行业通用能力课程（院级）	24	17
4	专业特定能力课程（系级）	48	35
	岗位证书1（16学分）		
	岗位证书2（16学分）		
	专业实务（16学分）		
5	专业辅修证书（可选）	16	12
总合		138	100

2. 职业/行业/专业

人的职业能力分为三个层面：专业特定能力、行业通用能力和职业核心能力（表 2.3）。

表 2.3　职业能力

能力	表现
专业特定能力	从事某种具体的专业、工种或岗位，必定会有一些对应的能力要求。 比如会计、护士、车床工所需特定技能是完全不一样的
行业通用能力	可以理解为一组特征和属性相同或者相近的职业群（行业）所体现出来的共性能力。 比如金融行业、服务行业、机械行业各有一些通用的能力要求
职业核心能力	适用于各种岗位、行业、职业，在人的职业生涯乃至日常生活中都必须具备的基本能力，是伴随人终身成长的可持续发展能力。它不针对某一具体的行业或职业，但任何职业或行业都离不开它。 比如与人交流、数字应用、信息处理、与人合作、解决问题、自我学习、创新革新、外语应用

3. 它们的作用

表 2.4 为课程作用。

表 2.4　课程作用

公共基础课程	解决为谁培养人的问题
职业核心能力课程	解决职业情境迁移的问题，激发更高层次的认知、情感和技能
行业通用能力课程	解决行业内的岗位迁移问题
专业特定能力课程	习得一技之长，考得职业证照，为自己赢得第一个工作岗位的机会
辅修专业/技能课程	让自己成为稀缺资源有两种方法：方法一成为第一；方法二成为唯一。如何成为唯一呢？多重条件（能力）的叠加。 拥有多维度能力能够大大提升你成为稀缺人才的概率

校级课程
——国家／学校都重视的课程一定是要另眼相看的课程

◆ 公共基础课程

1. 公共必修课

根据教育部相关文件的规定，高职院校必须开设公共课（表 2.5）。

表 2.5　公共必修课

课程代码	课程名称	学分
CHN1001	毛泽东思想和中国特色社会主义理论体系概论	4
CHN1005	思想道德与法治	3
CHN1003	形势与政策	1
CHN1004	军事理论与军训	3
CHN1006	习近平新时代中国特色社会主义概论	3
LAB1001	劳动教育	1
PHYE1001	大学体育（1）	1
PHYE1002	大学体育（2）	1
PHYE1003	大学体育（3）	1
PHYE1004	大学体育（4）	1

2. 公共选修课

公共选修课（表 2.6）提供给有升学、旅游、追剧等需求的学生自行选修。

表 2.6　公共选修课

课程代码	课程名称	学分
MATH1001	大学数学（1）	2
MATH1002	大学数学（2）	2
MATH1003	大学数学（3）	2
ENGL1001	大学英语（1）	2
ENGL1002	大学英语（2）	2
ENGL1003	大学英语（3）	2

说明：课程（1）修读合格后才能修读课程（2）。

◆ 职业核心能力课程

1. 开设课程

职业核心能力是适用于各种岗位、职业、行业，在人的职业生涯乃至日常生活中都必须具备的基本能力,是伴随人终身成长的可持续发展能力。学完职业核心能力课程(表2.7)将有助于你提升职业发展的迁移能力。

表 2.7 职业核心能力课程

课程代码	课程名称	学分
CORE1101	统计学	3
CORE1102	心理学	2
CORE1103	审美学	1
CORE1201	成为Office专家(1)	2
CORE1202	成为Office专家(2)	2
CORE1203	成为Office专家(3)	2
CORE1204	信息素养:效率提升与终身学习的新引擎	2
CORE1205	用Python玩转数据	4
CORE1206	学会如何学习:帮助你成为高手的强大智力工具	2
CORE1207	思维力训练:用框架解决问题	2
CORE1301	职场礼仪	2
CORE1302	成功走向职场	2
CORE1401	昆曲艺术	1
CORE1402	投资与理财	1
CORE1403	大学生就业指导与创业(1)	1
CORE1404	大学生就业指导与创业(2)	1

2. 选课理由

培养普适性能力的课程那么多,为什么选这些课?表2.8为具体的选课理由。

表 2.8 选课理由

维度	课程	选择理由
思维能力	统计学	在终极的分析中,一切知识都是历史; 在抽象的意义下,一切科学都是数学; 在理性的基础上,所有判断源于统计
	思维力训练	你能解决多高难度的问题,决定了你值多少钱。思维能力强大的人,能够随时从众人当中脱颖而出
学习能力	学会如何学习	从认知自我到高效学习,学会如何学习是终极生存技能
文化素养	审美学	吴冠中说:"现在的文盲不多了,但美盲很多。"木心说:"没有审美力是绝症,知识也解救不了。"现在很多人穷的不是物质,也不是文化,而是审美。科技竞争到一定程度拼的是审美

续表

维度	课程	选择理由
文化素养	职场礼仪	我国素享"礼仪之邦"之美誉，礼仪文化源远流长、博大精深。"礼"表达的是敬人的美意，"仪"是这种美意的外显，礼仪乃是"律己之规"与"敬人之道"的和谐统一
	昆曲艺术	集文学、历史、音乐、舞蹈、美学等于一体的综合艺术。被联合国教科文组织授予"人类口述和非物质遗产代表作"称号，是地缘文化的典型代表
沟通表达	心理学	让我们对自以为了然于胸的事情，有截然不同的见解。看见自己，读懂他人，建立积极的社会关系，活出丰盈蓬勃的人生
	成功走向职场	自信沟通，形成良好的自我与社会定位，能够用符合社会认知并且理性的方式解决问题和冲突，是我们接近成功的法宝
	大学生就业指导与创业	为你点亮通往梦想的那盏明灯，带给你一份新的求职心经，陪伴你在求职路上"升级打怪"。一路向前，走上属于自己的职业发展之路
工具使用	成为Office专家	工欲善其事，必先利其器。在计算机、网络普及的今天，每个"社会人"都应该掌握的基础生产力工具——"三剑客"Word、PPT、Excel
信息处理	用Python玩转数据	数据蕴涵价值。选择合适的工具进行数据分析与数据挖掘是大数据时代的必然要求。Python语言简洁强大，是人机交互的不二选择
解决问题	信息素养	会搜索是一种解决问题的能力。人生中80%的问题，早就被人回答过，你只要搜索（Search）就好。剩下的20%，你才需要研究（Research）
财务管理	投资与理财	理财并不只帮助我们达到某个财务目标，它帮助我们建立一种未来感，强制我们把目光放得更长远（斯坦福棉花糖实验），实现人生目标

以上课程性质——必修。

行业课程
——背靠行业比"一招鲜"更持久

行业通用能力是一组特征和属性相同或者相近的职业群（行业）所体现出来的共性技能，主要用于积淀你在行业未来的发展潜力。

表 2.9 为各二级学院行业/专业设置。

表 2.9 行业/专业设置

二级学院	行业	专业		
工学院	IT行业	计算机应用技术	计算机网络技术	人工智能技术应用
	机械行业	数控技术	模具设计与制造	
	自控行业	机电一体化技术	工业机器人技术	
	汽修行业	新能源汽车技术	汽车检测与维修技术	
	轨交行业	城市轨道交通运营管理		
建筑与设计学院	建工行业	建筑工程技术	工程造价	
	装修行业	建筑室内设计		
	广告行业	广告艺术设计	数字媒体艺术设计	
	动漫行业	动漫制作技术		
管理学院	商务行业	现代物流管理	市场营销	电子商务
		大数据与财务管理		
现代服务学院	服务行业	酒店管理与数字化运营	高速铁路客运服务	
		智慧健康养老服务与管理	婴幼儿托育服务与管理	

说明：所学专业以当年度招生简章为准，以上仅供参考。
上述专业名称沿用 2021 年专业目录，如专业目录有更新，以最新版本为准。
学生可根据自己所选择的专业，查看本专业所属行业的行业课程。

1. IT 行业

表 2.10 为 IT 行业课程及学分。

表 2.10 IT 行业课程及学分

课程代码	课程名称	学分
ICT2001	人工智能导论	2
MEE2008	电工电子技术	4
ICT2004	数据库技术与应用	4
ICT2005	计算机网络基础	4
ICT2006	软件工程	2
ICT2007	计算机绘图	2
ICT2008	计算机硬件技术	4
ICT2009	C 语言程序设计	4

2. 机械行业

表 2.11 为机械行业课程及学分。

表 2.11　机械行业课程及学分

课程代码	课程名称	学分
MEE2001	机械制图与CAD（1）	4
MEE2002	机械制图与CAD（2）	4
MEE2008	电工电子技术	4
MEE2004	工程材料及工业处理	3
MEE2005	机械设计与应用	4
MEE2009	液压与气动技术	3
MEE2010	CAD/CAM技术及应用	5

3. 自控行业

表 2.12 为自控行业课程及学分。

表 2.12　自控行业课程及学分

课程代码	课程名称	学分
MEE2001	机械制图与CAD（1）	4
MEE2002	机械制图与CAD（2）	4
MEE2008	电工电子技术	4
MEE2004	工程材料及工业处理	3
MEE2005	机械设计与应用	4
MEE2009	液压与气动技术	3
MEE2010	CAD/CAM技术及应用	5

4. 汽修行业

表 2.13 为汽修行业课程及学分。

表 2.13　汽修行业课程及学分

课程代码	课程名称	学分
AUTO2006	汽车机械基础	3
MEE2008	电工电子技术	4
AUTO2008	汽车维修接待	3
AUTO2003	汽车维修工量具、仪器仪表和设备	3
AUTO2004	汽车构造与工作原理（1）	4
AUTO2005	汽车构造与工作原理（2）	4
AUTO2009	汽车礼仪与营销	4

5. 轨交行业

表 2.14 为轨交行业课程及学分。

表 2.14　轨交行业课程及学分

课程代码	课程名称	学分
AUTO2006	汽车机械基础	3
MEE2008	电工电子技术	4
AUTO2008	汽车维修接待	3
AUTO2003	汽车维修工量具、仪器仪表和设备	3
AUTO2004	汽车构造与工作原理（1）	4
AUTO2005	汽车构造与工作原理（2）	4
AUTO2009	汽车礼仪与营销	4

说明：轨交行业依托于工学院汽修行业开设，重在面向轨交维修，如期望学习乘务等相关岗位方向，建议选择服务行业——高速铁路客运乘务专业。

6. 建工行业

表 2.15 为建工行业课程及学分。

表 2.15　建工行业课程及学分

课程代码	课程名称	学分
BIM2001	建筑类专业导论	1
BIM2002	建筑材料	4
BIM2003	建筑力学与结构	4
BIM2009	建筑识图与构造	4
BIM2010	钢筋平法识图	4
BIM2006	建筑制图与CAD	4
BIM2007	建筑工程测量	4
BIM2008	建设法规	2

7. 装修行业

表 2.16 为装修行业课程及学分。

表 2.16　装修行业课程及学分

课程代码	课程名称	学分
DESN2008	建筑与设计专业导论	1
DESN2002	室内设计素描与色彩	6
DESN2003	建筑室内设计基础	4

续表

课程代码	课程名称	学分
DESN2004	构成	4
DESN2005	建筑室内制图与识图	4
DESN2006	室内装饰材料与施工工艺	4
DESN2007	建筑物理与设备	2
DESN2104	Photoshop	5
DESN3102	AutoCAD	4

8. 广告行业

表 2.17 为广告行业课程及学分。

表 2.17 广告行业课程及学分

课程代码	课程名称	学分
DESN2101	艺术类专业导论	1
DESN2102	造型基础	4
DESN2004	构成	4
DESN2103	摄影	3
DESN2104	Photoshop	5
DESN2105	Coreldraw	4
DESN2106	Illustrator	4

9. 动漫行业

表 2.18 为动漫行业课程及学分。

表 2.18 动漫行业课程及学分

课程代码	课程名称	学分
DESN2102	造型基础	4
DESN2201	动画概论	2
DESN2202	动画运动规律	4
DESN2203	动画速写	2
DESN2204	UI设计	4
DESN2205	二维动画设计	4
DESN2206	三维建模基础	4
DESN2207	插画设计	4

10. 商务行业

表 2.19 为商务行业课程及学分。

表 2.19　商务行业课程及学分

课程代码	课程名称	学分
BBA2001	成为小企业主	2
BBA2002	管理学	4
BBA2003	会计学	2
BBA2004	经济学	2
BBA2005	市场营销学	4
BBA2006	数据库原理与应用	2
BBA2007	供应链管理	4
BBA2008	电子商务	4
BBA2009	应用文写作	2

11. 服务行业

表 2.20 为服务行业课程及学分。

表 2.20　服务行业课程及学分

课程代码	课程名称	学分
IELTS1001	雅思英语（1）	4
IELTS1005	雅思英语（2）	8
IELTS1003	雅思英语（3）	4
IELTS1004	雅思英语（4）	4
IHD2001	管理学概论	1
IHD2002	服务沟通技巧	2
IHD2003	形体与礼仪	2
IHD2007	食品营养与卫生	2
IHD2008	融媒体策划与主持	2

专业课程
——"一技之长",叩开你职业生涯的敲门砖

专业特定能力是指从事某岗位所需的对应技能要求,或可参加相关技能鉴定,取得职业资格证书或技能等级证书,为增加就业概率创造条件。

IT 行业

1. 计算机应用技术

表 2.21 为计算机应用技术课程及学分。

表 2.21　计算机应用技术课程及学分

岗位		Web前端开发			软件测试		
	课程代码	课程名称	学分	课程代码	课程名称	学分
课程	ICT3101	HTML+CSS网页设计	4	ICT3201	Linux与Shell编程	4
	ICT3102	PHP程序设计	4	ICT3202	Java程序设计	4
	ICT3106	视频编辑技术	4	ICT3203	常用测试工具实战	4
	ICT3104	HTML5交互融媒体设计与制作	2	ICT3206	微信小程序开发与运营	4
证书		Web前端开发工程师			软件测试工程师	

2. 计算机网络技术

表 2.22 为计算机网络技术课程及学分。

表 2.22　计算机网络技术课程及学分

岗位		网络安全管理			网络运维管理		
	课程代码	课程名称	学分	课程代码	课程名称	学分
课程	ICT3401	交换与路由技术	4	ICT3505	局域网组建与维护	4
	ICT3402	Linux服务器配置与管理	4	ICT3506	网站建设与管理	4
	ICT3403	网络安全技术	4	ICT3503	网络规划与管理	4
	ICT3404	网络设备配置与管理	4	ICT3506	微信小程序开发与运营	4
证书		网络安全管理			网络运维管理	

3. 人工智能技术应用

表 2.23 为人工智能技术应用课程及学分。

表 2.23　人工智能技术应用课程及学分

岗位	安卓（App）开发			数据分析工程师		
	课程代码	课程名称	学分	课程代码	课程名称	学分
课程	DESN2204	UI设计	4	ICT3603	人工智能数据集处理	4
	ICT3301	HTML+CSS网页设计	4	ICT3604	大数据技术及应用	4
	ICT3302	Java程序设计	4	ICT3601	机器学习	4
	ICT3303	Android高级应用开发	4			
证书	Android开发（中级）			数据分析工程师		

◆ 机械行业

1. 数控技术

表 2.24 为数控技术课程及学分。

表 2.24　数控技术课程及学分

岗位	数控机床操作员			机械设计工程师		
	课程代码	课程名称	学分	课程代码	课程名称	学分
课程	MEE3405	多轴加工技术与编程	4	MEE2007	机械制造技术	4
	MEE3402	设备的安装与调试	4	MEE3106	电气控制技术及应用	6
	MEE3403	金工实训	2	MEE3604	逆向工程技术	4
	MEE3406	数控加工与编程	6	MEE2006	公差配合与测量技术	2
证书	数控机床操作员（中级）			数控机床操作员（高级）		

2. 模具设计与制造

表 2.25 为模具设计与制造课程及学分。

表 2.25　模具设计与制造课程及学分

岗位	模具制造工			机械设计工程师		
	课程代码	课程名称	学分	课程代码	课程名称	学分
课程	MEE3501	塑料工艺及模具设计	4	MEE2007	机械制造技术	4
	MEE3403	金工实训	2	MEE3106	电气控制技术及应用	6
	MEE3602	特种加工	2	MEE3604	逆向工程技术	4
	MEE406	数控加工与编程	6	MEE2006	公差配合与测量技术	2
证书	模具钳工（中级）			模具钳工（高级）		

自控行业

1. 机电一体化技术

（1）以下岗位必修，表 2.26 为其课程及学分。

表 2.26　必修岗位课程及学分

岗位	自动化工程师		
	课程代码	课程名称	学分
课程	MEE3205	PLC及传感器技术	6
	MEE3202	PLC应用与实践	3
	MEE3203	M8051应用与实践	3
	MEE3206	伺服应用技术	4
证书	维修电工中（高）级		

（2）以下岗位二选一，表 2.27 为其课程及学分。

表 2.27　二选一岗位课程及学分

岗位	设备工程师			视觉工程师		
	课程代码	课程名称	学分	课程代码	课程名称	学分
课程	MEE3101	设备维修与保养	4	FIRM3101	工业视觉基础	2
	MEE3106	电气控制技术及应用	6	FIRM3102	VisionPro编程与调试	6
	MEE3107	数控技术及编程	4	FIRM3103	工业视觉典型集成方案	2
	MEE2007	机械制造技术	4			
证书	维修电工中（高）级			1+X工业视觉证书		

2. 工业机器人技术

（1）以下岗位必修，表 2.28 为其课程及学分。

表 2.28　必修岗位课程及学分

岗位	工业机器人应用工程师		
	课程代码	课程名称	学分
课程	MEE3301	工业机器人离线编程	4
	MEE3302	工业机器人现场编程	3
	MEE3106	电气控制技术及应用	6
	MEE2007	机械制造技术	4
证书	维修电工中（高）级		

（2）以下岗位二选一，表 2.29 为其课程及学分。

表 2.29　二选一岗位课程及学分

岗位	自动化工程师			视觉工程师		
	课程代码	课程名称	学分	课程代码	课程名称	学分
课程	MEE3205	PLC及传感器技术	6	FIRM3101	工业视觉基础	2
	MEE3202	PLC应用与实践	3	FIRM3102	VisionPro编程与调试	6
	MEE3203	M8051应用与实践	3	FIRM3103	工业视觉典型集成方案	2
	MEE3206	伺服应用技术	4			
证书	维修电工中（高）级			1+X工业视觉证书		

◆ 汽修行业

1. 新能源汽车技术

表 2.30 为新能源汽车技术课程及学分。

表 2.30　新能源汽车技术课程及学分

岗位	汽车修理工（新能源）			汽车修理工（中级）		
	课程代码	课程名称	学分	课程代码	课程名称	学分
课程	AUTO3301	新能源汽车高压安全与防护	4	AUTO3101	汽车使用与维护	4
	AUTO3201	汽车电气系统检修	4	AUTO3102	汽车空调系统检修	4
	AUTO3204	汽车故障诊断与排除	4	AUTO3103	节能与新能源技术	4
	AUTO3302	驱动电机控制技术	4	AUTO3104	汽车底盘电控系统检修	4
证书	汽车维修中级工（新能源）			汽车维修中级工（传统汽车）		

2. 汽车检测与维修技术

表 2.31 为汽车检测与维修技术课程及学分。

表 2.31　汽车检测与维修技术课程及学分

岗位	汽车修理工（中级）			汽车修理工（中级）		
	课程代码	课程名称	学分	课程代码	课程名称	学分
课程	AUTO3101	汽车使用与维护	4	AUTO3201	汽车电气系统检修	4
	AUTO3102	汽车空调系统检修	4	AUTO3202	汽车发动机电控系统检修	4
	AUTO3103	节能与新能源技术	4	AUTO3203	汽车车身电控系统检修	4
	AUTO3104	汽车底盘电控系统检修	4	AUTO3204	汽车故障诊断与排除	4
证书	汽车修理工中级			汽车修理工高级		

轨交行业

城市轨道交通运营管理

表 2.32 为城市轨道交通运营管理课程及学分。

表 2.32　城市轨道交通运营管理课程及学分

岗位	汽车修理工（新能源）			车展客运员		
	课程代码	课程名称	学分	课程代码	课程名称	学分
课程	AUTO3201	汽车电气系统检修	4	IHD3401	城市轨道交通概论	2
	AUTO3202	汽车发动机电控系统检修	4	IHD3409	城市轨道交通客运服务	3
				IHD3410	城市轨道交通行车组织	3
	AUTO3203	汽车车身电控系统检修	4	IHD3206	城市轨道交通实用英语	3
	AUTO3204	汽车故障诊断与排除	4	IHD3411	城市轨道交通运输设备	4
				IHD3412	城市轨道交通运营管理	2
证书	汽车维修中级工（新能源）			铁路乘务相关证书		

建工行业

1. 建筑工程技术

表 2.33 为建筑工程技术课程及学分。

表 2.33　建筑工程技术课程及学分

岗位		BIM工程师			施工员	
	课程代码	课程名称	学分	课程代码	课程名称	学分
课程	BIM3101	BIM建模	4	BIM3201	建筑施工技术	4
	BIM3102	BIM施工组织与项目管理	6	BIM3202	装饰材料与施工工艺	4
	BIM3103	BIM综合应用与管理	4	BIM3203	建筑工程计量与计价	6
	BIM3104	BIM建筑节能	2	BIM3204	工程事故分析与处理	2
证书		建筑信息模型职业资格证书			施工员	

2. 工程造价

表 2.34 为工程造价课程及学分。

表 2.34　工程造价课程及学分

岗位		造价员			BIM工程师	
	课程代码	课程名称	学分	课程代码	课程名称	学分
课程	BIM3301	建筑工程经济	2	BIM3101	BIM建模	4
	BIM3302	建筑工程预算（1）	4	BIM3102	BIM施工组织与项目管理	6
	BIM3303	建筑工程预算（2）	4			
	BIM3304	装饰工程预决算	2	BIM3103	BIM综合应用与管理	4
	BIM3305	工程招投标与合同管理	2	BIM3104	BIM建筑节能	2
	BIM3306	造价软件	2			
证书		造价员			建筑信息模型职业资格证书	

◆ 装修行业

建筑室内设计

表 2.35 为建筑室内设计课程及学分。

表 2.35　建筑室内设计课程及学分

岗位		室内设计师			软装设计师	
	课程代码	课程名称	学分	课程代码	课程名称	学分
课程	DESN3101	人体工程学	3	DESN3201	Sketch草图大师	4
	DESN3102	AutoCAD	4	DESN3205	酷家乐	4
	DESN3103	建筑室内手绘效果图	4	DESN2104	Photoshop	5
	DESN3104	3DMAX与后期处理	4	DESN3204	住宅空间设计	4
	DESN3105	家具设计与软装搭配	4			
证书		助理室内设计师			CAD绘图职业资格证书	

表 2.35　建筑室内设计课程及学分（续）

岗位	装饰工程项目经理		
	课程代码	课程名称	学分
课程	DESN3101	建筑工程概论	3
	DESN3103	装饰项目工程管理	4
	DESN3104	室内装饰材料与施工工艺	4
	DESN3105	装饰工程预决算	4
证书	土木工程师或CAD工程师		

◆ 广告行业

1. 广告艺术设计

表 2.36 为广告艺术设计课程及学分。

表 2.36　广告艺术设计课程及学分

岗位	平面广告设计			视觉造型设计		
	课程代码	课程名称	学分	课程代码	课程名称	学分
课程	DESN3301	字体设计	4	DESN3401	InDesign	4
	DESN3302	图形设计	4	DESN3402	书籍设计	4
	DESN3303	编排设计	4	DESN3403	包装设计	4
	DESN3304	广告设计	4	DESN3404	品牌形象设计	4
证书	平面设计师岗位证书、助理广告设计师、Adobe认证设计师					

2. 数字媒体艺术设计

表 2.37 为数字媒体艺术设计课程及学分。

表 2.37　数字媒体艺术设计课程及学分

岗位	媒体广告设计			影视后期		
	课程代码	课程名称	学分	课程代码	课程名称	学分
课程	DESN3501	AfterEffects	4	DESN3705	软文写作排版	4
	DESN3502	Premiere	4	DESN3503	新媒体综合设计	4
	DESN2204	UI设计	4	DESN3702	C4D影视设计	4
	DESN2107	图标设计	3	DESN3703	影视后期制作	4
证书	助理广告设计师			影视后期设计师		

动漫行业

动漫制作技术

表2.38为动漫制作技术课程及学分。

表2.38　动漫制作技术课程及学分

岗位	影视动画			融媒体编辑		
	课程代码	课程名称	学分	课程代码	课程名称	学分
课程	DESN3606	动漫角色与场景设计	6	DESN3704	图形图像处理	4
	DESN3607	剧本创作	2	DESN3706	动画视听语言	4
	DESN3608	三维材质与渲染	4	DESN3707	融媒体创作	4
	DESN3609	三维动画制作	4	DESN3703	影视后期制作	4
证书	动画设计师					

商务行业

1. 现代物流管理

表2.39为现代物流管理课程及学分。

表2.39　现代物流管理课程及学分

岗位	助理物流师			单证员		
	课程代码	课程名称	学分	课程代码	课程名称	学分
课程	BBA3501	仓储管理	4	BBA3601	国际贸易理论与实务	4
	BBA3502	运输与配送	4	BBA3602	国际商务单证实务	4
	BBA3503	物流成本管理	4	BBA3603	国际货运代理实务	4
	BBA3504	物流信息管理	4	BBA3604	报关报检实务	4
证书	助理物流师			单证员		

2. 市场营销

表 2.40 为市场营销课程及学分。

表 2.40 市场营销课程及学分

岗位	数字营销师			营销策划师		
	课程代码	课程名称	学分	课程代码	课程名称	学分
课程	BBA3702	销售管理	4	BBA3801	商务谈判	4
	BBA3101	营销沙盘实训	4	BBA3802	市场调查与分析	2
	BBA3102	数字营销	2	BBA3703	营销策划	4
	BBA3106	商务数据分析与应用	4	BBA3104	新媒体营销	4
证书	市场营销策划师（初级）			市场营销经理助理（初级）		

3. 电子商务

表 2.41 为电子商务课程及学分。

表 2.41 电子商务课程及学分

岗位	网店运营			电商美工		
	课程代码	课程名称	学分	课程代码	课程名称	学分
课程	BBA3104	新媒体营销	4	BBA3202	商品拍摄与图片处理	4
	BBA3105	网店运营实训	8	BBA3201	视觉营销	4
	BBA3106	商务数据分析与应用	4	BBA3203	视频编辑与制作	4
	BBA3107	跨境电子商务		BBA3204	直播电商	4
证书	网店运营推广（中级）			电商美工（初级）		

4. 大数据与财务管理

表 2.42 为大数据与财务管理课程及学分。

表 2.42 大数据与财务管理课程及学分

岗位	智能财税			财务管理师		
	课程代码	课程名称	学分	课程代码	课程名称	学分
课程	BBA3301	代理实务（1）	3	BBA3401	成本会计	3
	BBA3302	代理实务（2）	3	BBA3402	企业纳税实务	3
	BBA3303	外包服务（1）	3	BBA3403	会计报表分析	2
	BBA3304	外包服务（2）	3	BBA3404	会计综合实训	4
	BBA3305	企业管家（1）	2	BBA3405	会计信息化（金蝶）	4
	BBA3306	企业管家（2）	2			
证书	智能财税等级证书			财务管理师等级证书		

◆ 服务行业

1. 酒店管理与数字化运营

表 2.43 为酒店管理与数字化运营课程及学分。

表 2.43　酒店管理与数字化运营课程及学分

岗位	房务管理			餐饮及营销管理		
	课程代码	课程名称	学分	课程代码	课程名称	学分
课程	IHD3101	酒店管理概论	3	IHD3208	餐饮运营与管理（1）	3
	IHD3108	房务运营与管理（1）	4	IHD3209	餐饮运营与管理（2）	2
	IHD3109	房务运营与管理（2）	4	IHD3206	饮品文化	5
	IHD3110	酒店信息系统实务（1）	3	IHD3207	奢侈品管理	2
	IHD3111	酒店信息系统实务（2）	2	IHD3205	酒店营销与收益管理	4
证书	酒店管理与数字化运营相关职业证书					

2. 高速铁路客运服务

表 2.44 为高速铁路客运服务课程及学分。

表 2.44　高速铁路客运服务课程及学分

岗位	动车组乘务			车站客运员		
	课程代码	课程名称	学分	课程代码	课程名称	学分
课程	IHD3309	形象塑造	4	IHD3401	高速铁路概论	2
	IHD3310	高速铁路服务艺术	2	IHD3409	英语口语	4
	IHD3208	餐饮运营与管理（1）	3	IHD3410	旅游地理学	2
	IHD3311	高速铁路动车乘务实务	4	IHD3206	饮品文化	5
	IHD3312	高速铁路乘务管理	4	IHD3411	铁路客运安全管理与应急处置	2
				IHD3412	铁路客运组织与管理	2
证书	高速铁路客运服务相关职业资格证书					

3. 智慧健康养老服务与管理

表 2.45 为智慧健康养老服务与管理课程及学分。

表 2.45　智慧健康养老服务与管理课程及学分

岗位	老年健康照护师			老年社会工作者		
	课程代码	课程名称	学分	课程代码	课程名称	学分
课程	IHD3501	老年健康照护技术（1）	4	IHD3601	老年社会工作方法与实务	4
	IHD3502	老年健康照护技术（2）	2	IHD3602	手工技艺	3
	IHD3503	老年心理照护	4	IHD3603	老年休闲活动设计（1）	3
	IHD3504	老年常见疾病预防与照护	3	IHD3604	老年休闲活动设计（2）	2
	IHD3505	养老机构实训	3	IHD3605	养老服务机构经营与管理	4
证书	老年照护师职业资格证书					

4. 婴幼儿托育服务与管理

表 2.46 为婴幼儿托育服务与管理课程及学分。

表 2.46　婴幼儿托育服务与管理课程及学分

岗位	幼儿教师			育婴师		
	课程代码	课程名称	学分	课程代码	课程名称	学分
课程	IHD3701	幼儿教育学	3	IHD3801	婴幼儿保育	4
	IHD3702	幼儿发展心理学	3	IHD3802	现代教育技术	4
	IHD3703	教育活动设计	2	IHD3803	玩教具设计与制作	4
	IHD3704	幼儿艺术教育（1）	2	IHD3804	幼儿游戏设计与指导	4
	IHD3705	幼儿艺术教育（2）	2			
	IHD3706	幼儿艺术教育（3）	2			
	IHD3707	幼儿艺术教育（4）	2			
证书	教师资格证			育婴师中级		

说明：所学专业以当年度招生简章为准，以上仅供参考。
上述专业名称沿用 2021 年专业目录，如专业目录有更新，以最新版本为准。
每年度岗位设置、课程设置、职业技能证书鉴定等受行业产业发展及政策变化都会发生调整，具体以各专业主任提供的人才培养方案为准，上述岗位及课程设置沿用 2022 年人才培养方案。

辅修课程
——"多维能力"才能实现"降维打击"

◆ 辅修内容

（1）学校和二级学院将于每年的秋季学期末在上述专业特定能力课程中选择各行各业普适性高、对前置课程要求较低、完成学习后可独立获得相关技能等级证书的岗位课程模块，形成并公布辅修专业名录。

（2）学校鼓励二级学院针对市场需求量大，学习门槛相对较高的技术技能课程（例如 Python 工程师、PLC 工程师、SolidWorks 工程师……）研发辅修技能课程模块，与辅修专业同时公布辅修技能名录，帮助学生精专某一现代化工具或技术的运用。

◆ 受众对象

（1）辅修主要面向秋季入学的大一新生。
（2）申报辅修的学生已修必修课程成绩无不合格。

说明：根据辅修内容的描述，我们的辅修是以"专业"或"技能"为单位，而非以辅修哪一门课程为单位，因此一旦选择辅修，就会涉及一个系列课程的学习而非单一课程的学习，这就需要学习有一定的延续性，因此每位学生都要珍惜大一的选择权。

◆ 费用收取

（1）学校给符合要求的学生提供一次免费辅修的机会，辅修第二专业或技能课程按财务处相关学分收费标准进行收费。

（2）辅修学费按学期收取，存在主修欠费或未能按时交纳辅修费者不能参与学期辅修专业课程学习、考核，成绩不予计入档案。

◆ 申报时间

每年春季学期初（约3月中上旬），教务处会发布相关通知。
请有辅修意向的学生密切关注你的钉钉通知。

◆ 修读要求

（1）遵守培养方案、课程标准及学校相关政策及要求。

（2）辅修专业所选课程如考核未通过，只提供重修机会，不提供补考机会。重修收费标准按财务处相关规定执行。

（3）遇赴企业实习等情况无法参与辅修学习，学生应在赴企业前两周与任课教师反馈，听取教学团队意见，选择参与下一届辅修班级学习，或实施线上学习，可通过多种途径完成学业。

（4）学生因故无法完成辅修学习，可在钉钉工作平台上发起"终止辅修学习申请"，已取得的辅修课程学分可申请认定为主修专业的学分。未经提报申请，无故不参与教学安排，按旷课计，相关成绩按实际计入成绩档案，不得参与校内评优评先活动。已取得的辅修课程学分按作废处理。

（5）如在每学期开课前，学生提出终止辅修学习，退还当学期所缴费用；如在每学期开课后，学生提出终止辅修学习，当学期所交费用不予办理退费。

（6）辅修专业的学习年限原则上为2.5年，如在毕业前未能完成辅修专业/技能模块所有课程的修读，按第4条比照办理，不再接受延长学习年限的申请。

◆ 辅修成果

（1）修满辅修专业岗位课程学分，学院颁发辅修专业证书。
（2）修满辅修技能模块课程学分，学院颁发辅修技能证书。

说明：辅修专业/技能证书隶属学校是对于学生学习经历与学习成果的证明，非中国高等教育学生信息实施网上学历注册的毕业证书。

毕业条件
——我们是有"底线"的

◆ 毕业学分

修满本专业学分，毕业应修120学分。

◆ 学业成果

以下条件满足任意一项：
（1）在校级及以上技能竞赛中获奖（三等奖及以上）。
（2）完成Capstone课程毕业作品一件。

◆ 技能证书

（1）取得全国计算机应用能力等级考试（一级）证书或获取行业认可度较高的能反映计算机应用能力的相关证照（如微软MLC认证、信息产业部CEAC认证等）。
（2）取得与本专业相关的职业资格证书或技能等级证书（等级由各专业设定）。

◆ 服务学习

（1）达到专业对口的企业实践学时要求。
（2）完成德育手册，取得相应积分（包含各类社团、志愿者服务活动）。
（3）参加寒暑期社会实践活动达2学分。

◆ 破格条件

（1）获地市级及以上技能竞赛奖项可免职业资格证书毕业要求。
（2）获省级及以上技能竞赛奖项（各系在学院备案的省赛、国赛、世界赛赛项）可免一项其他毕业条件及要求。

新生攻略 No.3
别让细节影响毕业

学籍资讯

◆ 入学 | 初来乍到先正身

1. 一个"正牌大学生"的官方定义

随着高等教育的普及，学历提升的途径也越来越多元化，统招、成教、函授等等，有的学生可能收到过不止一家院校的录取通知书。

那么在名目繁多的各类入学信息中，我们究竟要如何甄别，才能成为其中相对含金量最高的《全国普通高等学校招生计划》内统一招录的学生呢？敲黑板！！！

2004年7月教育部发布教学〔2004〕25号公告，把"中国高等教育学生信息网"（简称"学信网"）作为中国高等教育学历证书查询指定的唯一网站，同时也是教育部高校招生阳光工程指定网站，全国硕士研究生报名和调剂指定网站。总而言之，能否在学信网网站上查询到你的入籍信息，标志着你是否获取了受教育部认可的高等教育学籍身份。

学信网网址为 https://www.chsi.com.cn/（图3.1）。

图3.1 学信网

点击方框内"学籍查询"按钮，进入"学信档案"界面（图 3.2）。

图 3.2 "学信档案"界面

2. 成为一个"正牌大学生"的基本流程

随着国家对职业教育重视程度的日益提升，构建现代职教体系已在试点践行中，"升学"不再是"普通教育"的专享特权，"中职"也不再成为没有出路的"断头教育"。因此不管是"高中生"还是"中职生"，如今都可以有机会升学获取专科、本科的相关学历。

不同的升学渠道，所需要完成的工作程序也是略有差别的，需要了解的学生可以对号入座，详见表 3.1。

表 3.1 升学渠道

	高中考生	中职考生
考前体检	3—4月（各地区时间不一）	11月—次年4月（各地区时间不一）
报名时间	11月1—4日	11月1—4日
报名网站	http://www.jseea.cn	http://www.jseea.cn 或 http://dkdzbm.jseea.cn
注意事项	（1）每门科目考试都不得缺席；（2）每门科目考试都不得作弊；（3）每门科目考试都不得零分	

具体流程可以详细参考科学流程图（图3.3）。

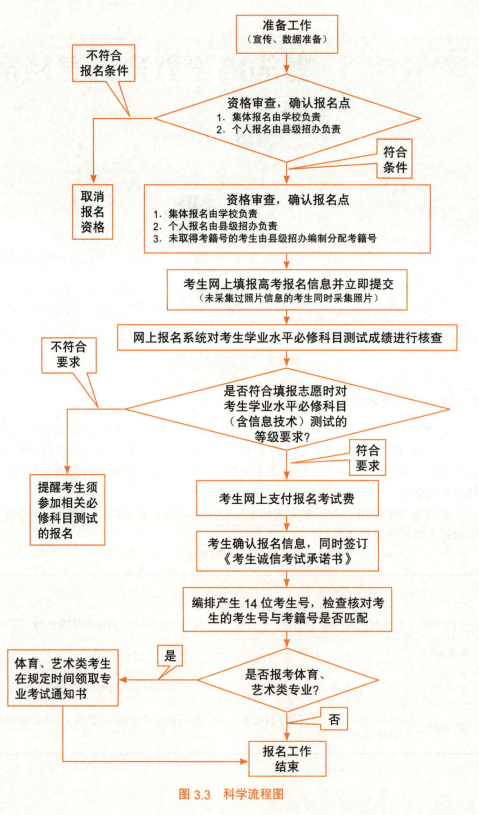

图 3.3 科学流程图

Q&A

Q：为什么我登录了学信网站却没有查到我的信息？学校是不是没有招生资质？

A： 昆山登云科技职业学院是经江苏省人民政府批准，在教育部备案的全日制普通高校。招生办学都符合各项政策法规。如果学生登录学信网尚未查询到自己的学籍，建议先排除以下情况。

（1）每年新生学籍注册的时间约在 10 月底到 11 月初，在此之前相关信息高校尚未上传，未能查询到的学生请耐心等待。

（2）学生可对照基本流程，回顾入学前期手续是否完善，有无存在未参加体检、报名信息采集不足等特殊情况。

如果上述情况都不在范围内，请及时联系教务处，咨询相关信息。

> **温馨提示** 教务处地点：J2 楼 1 楼 102-1 室，教务处电话：0512-57800788-8386

◆ 专业 | 忠贞不贰 OR 朝秦暮楚

时代在高速发展，产业在转型升级，在此过程中职业的迭代与更新也让我们越来越难以看懂。很多学生在面对琳琅满目的专业时，说不定还是遵循了选择题的"黄金定律"——三长一短选最短，三短一长选最长。因此，略有风吹草动，就不断地想要随波逐流。

我们常常会遇到学生转专业最频繁的三大理由。

理由一：我父母不同意。

理由二：这个专业是我爸爸（妈妈）让我选的，我不喜欢。

理由三：和我一起来的张三李四选这个专业了。

专业的选择毕竟不是买葱买蒜的抉择，因此慎重对待是必要的。但慎重绝不意味着朝秦暮楚。因此，我们在专业选择的时候务必遵循以下原则。

（1）自己有一定的兴趣或有此方面职业发展的规划。

（2）与父母做好充分沟通。

（3）选我所爱，爱我所选。不因旁人的影响而轻易改变心意。

Q&A

Q：日思夜想，我真的想要调整专业，学校究竟允许不允许？

A： 根据教育部《普通高校学生管理规定》相关要求，同时为了保障学院教学的正常运行，稳定教学秩序，以下情况是不能够转专业的。

（1）已经转过一次专业的学生不能再转专业。频繁变更专业，会影响转入、转出专业的班级规模、教学计划安排、教材征订等各项工作，因此学院原则上只给予新生在入校报到时一次转专业的机会。

（2）艺术类考生与普通类考生之间不可互转。

（3）相同专业相同类型班级之间不可互转。

（4）大三学生不能再转专业。

（5）为不影响考试安排，每学期末（每学期最后一个月）不可转专业。

Q：以上五条我都没有涉及，是不是我就可以转专业了？

A：离开原有专业的大家庭，一定要征得所在学院的大家长——学院院长的同意才行哦。当然，也须征得转入学院院长的同意。毕竟不同的专业所跨领域较大，学校实施二级管理，各学院院长会根据你专业调整诉求的初衷、前期的基础，综合专业学习的实际要求来考虑你是否适合转专业。

Q：太棒了，转入、转出学院院长和专业主任都认为我转专业没问题，下一步需要如何办理？

A：在钉钉工作平台申请，傻瓜操作，按序点点点，轻松完成申请（图3.4）。

图3.4　钉钉平台申请

Q：什么是课程认定？

A：我们的培养方案中，毕业条件有明确的规定，能够合格毕业的前提条件就是要达到所在专业的毕业学分。

大家在原专业所学的课程，如果和转入专业的一部分课程是相同的，或者有一定程度的相似性，如果待转入专业的教研室主任认可，那么所学课程的成绩即可"带"到转入专业，比如"大学体育"课程我们各个专业都会开设，那么你在原专业取得的"大学体育"课程的成绩，转入专业也一样认定接受。这就是所谓的课程认定。

Q：转专业后学费有变化吗？

A：学生在学院就读期间转专业，如转入专业的专业学费与原专业不一致的，按转入专业的专业学费标准缴纳全年专业学费。同时，按转入专业的学分收费标准缴纳学分学费。具体各专业学分学费及专业学费收费标准以学校财务处相关规定为准。

> **温馨提示** 因转专业会造成同级教学进度不一致，可能会延迟毕业，所以转专业有风险，提出须谨慎。

◆ 中断 | 中途离校的不同结局

1. 中途离校的种类

很多学生会纳闷，怎么离校还分类呢？

有些学生因为个人原因，暂时无法继续学业，此时，往往很多学生冒出来的第一念头就是——我不念了。其实，不念了也有两种途径：一个是休学，一个是退学。它们的主要差别在于：

休学——保留学籍，在校最长年限原则上为五年，在学习期间可休学两次，每次休学期限为一年。休学期满的学生可以办理复学手续，复学后可以继续学业，取得文凭。

退学——退学手续办理结束后，学生不再拥有学籍，将永远失去继续学习的机会。

因此，如果学生遇到了暂时的困难，我们从关爱大家的角度，建议各位学生尽量办理休学，保留复学的机会。

此外，还有个别学生会在不办理任何手续的前提下就离校了，这种做法不可取。

擅自离校——根据《普通高等学校学生管理规定》中"未经批准连续两周未参加学校规定的教学活动的"条款要求，报学校校长办公会议审议，并通过邮寄挂号信或网上公示等方式告知学生后，将做退学处理。一旦退学，将无法继续学业，建议大家不要任性而为，莫要给自己的人生留下遗憾。

2. 休、退学办理流程

有休学或退学客观需要的学生可以向辅导员或班主任递交书面申请，为保障各位的申请是经过深思熟虑后的慎重决定，经二级学院领导了解具体情况，给予合理指导意见后，辅导员或班主任将在钉钉工作平台帮助学生发起休、退学申请。

温馨提示 如果在校期间有宿舍物品人为损坏等情况，在二食堂办理退卡时，须补交相关维修费用。

Q&A

Q：我办理了休学，如今想复学要怎么办理？

A：复学的学生应考虑休学学期的连续性，在每学期的开学初至教务处办理复学手续，不要在学期中途办理，以免跟不上课程进度，影响考核成绩。图 3.5 为复学流程。

图 3.5　复学流程

◆ 毕业 | 求得真经 OR 半途而废

1. 证书的种类

都说大学是严进宽出，人间天堂。没有一天 8 节的课，没有作业考试的压力，是不是取得了大学生身份就意味着永保无虞，学历证书稳稳在手了呢？

NO! NO! NO!

同学你误会大了。在大学里，你得明白迎接你的可不止"毕业证书"一种证书，先来认识一下它们吧。

毕业证书

在学校规定年限内，认真完成本专业人才培养方案中规定的学分，并达到相关毕业要求（详见《新生攻略 NO.2｜专业早知道——规划你的课程地图》的毕业条件，以及各专业人才培养方案），学院将准予你毕业，至此，你才能获得一纸毕业证书，也就是我们常说的"文凭"。

结业证书

如果在学校规定年限内，混啊混，撑啊撑，好不容易修完了专业人才培养方案中安排的课程，但没达到相关毕业要求（例如，挂科致使学分不足，没有取得相关的职业资格证书等等），不好意思，此时你的毕业结论就是"结业"，学校会发给你结业证书。结业代表认可你的学习过程，但不代表你的学习结果符合专科层次应有的水平。

肄业证书

教育部规定对于取得学籍学满一学年及以上，选择退学的学生，给予发放肄业证书，证明你一年的学习经历。

2. 证书的查询

信息化时代，除具有仪式感的纸质证书外，如果你想就业，各公司的人力资源部要求不一。如果你想深造，各高校的招生办公室更注重我们前面告诉大家的中国高等教育学历证书查询指定的唯一网站——"中国高等教育学生信息网"，通过此网站你是毕业、结业，还是肄业，何时何地，一目了然。你还记得网址吗？

网址为 http://www.chsi.com.cn/。重要的事情说三遍，重要的网址请保存。图3.6为学籍学历查询界面。

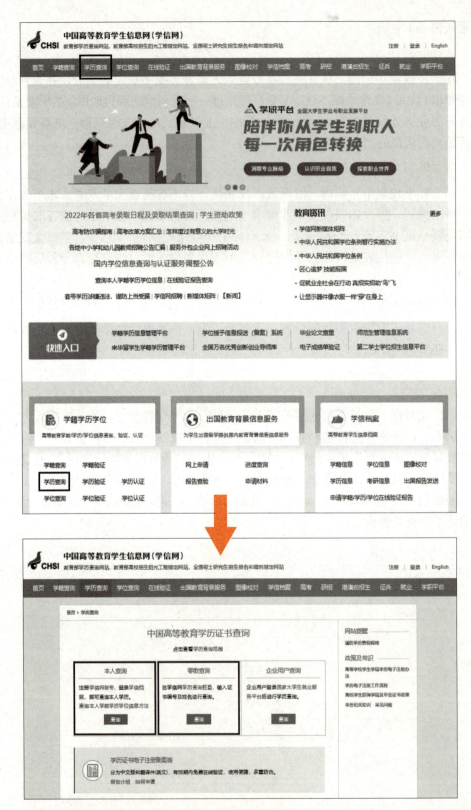

图 3.6　学历查询界面

Q&A

Q：万一毕业证书不慎遗失了怎么办？

A：此处敲黑板：毕业证书遗失是不能补发的！

重要的事情说三遍：遗失不补，遗失不补，遗失不补！

实在找不到了怎么办？

带上提前准备好的挂失证明、所在单位介绍信、个人申请表、身份证复印件、2张2寸蓝底近期照片及相应电子照片到学校教务处补办毕业证明书。

教务处地点：J2楼1楼102-1室，教务处电话：0512-57800788-8386

但是在互联网这么发达的现代，到底要不要这么麻烦呢？如果有急用，可以根据上述提供的学历查询网站，登录查询，并申请《教育部学历证书电子注册备案表》。现在单位的人力资源部门也都了解这个网站的权威性。

Q：再不疯狂我们就老了，翘课挂科，毕业只拿了个"结业证书"，是不是这辈子都没希望了？

A：不要灰心！因学业成绩不合格而结业的学生，学校也是给足了机会哦。可在毕业一学期后至两年内通过重修、补做Capstone课程毕业作品，达到毕业要求后的依旧可以换发毕业证书，换证时间是每年的3月、9月、10月的工作日，千万不要错过时间哦。

有需要换证的学生，请在毕业两年内，于每学期开学两周内申请重修，经重修满足毕业条件后持学院审核盖章的成绩单、财务处缴费证明单及其他所缺材料至教务处办理换证手续。

学业成绩

◆ 课标 | 师生契约

1. 什么是课程标准？

还记得什么是培养方案么？（可以回顾《新生攻略No.2 | 专业早知道——规划你的课程地图》之培养方案）

如果说培养方案是学校与学生之间的契约，那么课程标准就是任课教师与学生之间签署的契约。

2. 课程标准包含的内容

课程信息
告诉你本门课程的开课年份、学期、上课日期、时间、地点，以及课程学分。

教师信息
你可以了解本门课程任课教师的名字，他（她）的联系方式，如果在课程或学业进行的过程中，你有任何疑问，每周都可以固定在什么时间、什么地点找到他（她）。

学习目标
学完这门课程，你可以完成什么样的任务，或达成什么样的目标。

考核政策
课程以什么样的衡量标准来考核你的学习成效或学习目标的达成情况。

课程政策
在课程实施的过程中，你需要遵守的约定或履行的义务。

课程安排
课程将分为哪几个阶段的任务或目标帮助你达成学习目标，以及每个阶段你需要递交任务的相关作业及递交日期。

◆ 政策 | 学霸专享

一分耕耘必将有一分收获，下面给大家介绍一下我们学校学霸们的福利吧。

1. 免修

根据学生以前的学习或经历（学生在特设考试中的成绩，如全国计算机证书），允许学生免修相应课程。

转专业和转学的学生，某些课程已取得合格及以上成绩；学生已取得相应课程的职业资格证书等），允许学生免修相应课程；身体不好的学生，提供有效证明经批准可以免修体育课。

对于学生已取得相关证书，如证书对应课程已完成考试而成绩未合格，可提出以证书成绩（或合格成绩）代替该门课程考核成绩，记取相应学分。

温馨提示 所有福利需要教务系统提交申请，审批通过后福利才生效噢！

2. 补修

补修是由于学生休学、保留学籍或是转专业，而没有学习过的课程，需要申请补修以此来取得课程相应的学分。

图 3.7 为补修流程。

- 到学院秘书处领取纸质版补修单，教研室主任根据教学情况和学习进度安排补修课程；
- 根据已安排的补修课程联系任课教师，加入学习通班级并签字。

- 打开学院教务在线网址（http://jiaowu.dyc.edu.cn/jwglxt/xtgl/login_slogin.html）；
- 快速访问方式：钉钉——教学助手——教务系统；
- 使用学号进行登录，初始密码为身份证号后六位。

- 点击"报名申请—教学项目报名—补修"；
- 根据纸质补修单上的课程选择相应的教学班申请补修；
- 任课教师审批通过后完成申请。

图 3.7 补修流程

3. 奖学金

表 3.2 为奖学金等级。

表 3.2 奖学金等级

项目	级别	说明
国家奖学金	国家级	每生8000元
国家励志奖学金	国家级	每生5000元
学院综合奖学金	校级	视年度政策

说明：获得方式为"名列前茅＋专家组评审"。

4. 技能竞赛

表 3.3 为竞赛奖励标准。

表 3.3 竞赛奖励标准

单位：万元

级别	竞赛名称	一等奖	二等奖	三等奖
国	全国职业院校技能大赛	10	5	3
	世界技能大赛全国选拔赛	10	5	3
	"互联网+"大学生创新创业大赛总决赛	5	3	2
省	江苏省高等职业院校技能大赛	5	3	2
	世界技能大赛江苏选拔赛	5	3	2
	江苏技能状元大赛	5	3	2
	"互联网+"大学生创新创业大赛国赛选拔赛暨江苏省省赛	3	2	1
市	苏州市技能状元大赛	1	0.5	0.3

Q&A

Q：免修的课程还需要参加该课程的学习和考试吗？
A：不需要，但课程成绩以 60 分或合格计，所以有需要评定各项奖项的学生，还是建议你参加考试哦。

Q：一张证书可以申请多门课程的免修吗？
A：不可以，每张证书只能申请经过教研室核定的相对应课程的免修。

Q：应征入伍的学生可以申请免修免考吗？
A：当然可以，因参军申请保留学籍的学生，复学后，可免修《军事理论》、《体育》课程，实习（包括暑期实习、专业实习等）成绩以所在部队提供的鉴定成绩为准。

Q：什么情况需要申请补修？
A：休学、保留学籍复学后或转专业后需要及时申请补修，否则会造成学分不足影响毕业。

Q：我需要补修的课程本学期没有开设怎么办？
A：补修只能补修当前学期开设的课程，如当前学期未开设，则需要在下一学期申请。

Q：我当时修读的课程现在不开设的怎么办？
A：根据课程内容找相近或者替代课程修读。

◆ 政策 | 学赖不易

亲爱的同学们，学赖容易学霸难，以下情形需牢记，希望大家千万不要涉身其中！

1. 旷课

无故旷课累计超过某门课程学时数的 1/3 或缺交课程作业次数累计超过 1/3 者，将取消该门课程的考核资格。

2. 缺考

未经申办缓考手续、未参加考试或迟到 30 分钟以上者，统一视为缺考。

3. 补考

未能合格通过者（省级、国家级及各类统一组织的考试、考公、考证不在范围内），有一次补考机会，即：下学期期初补考，如补考仍不合格学生，请按《学分制与弹性学制管理实施细则》中相关要求办理重修。

需要注意的是不管你的补考成绩有多优秀，补考成绩均统一记为 60 分或及格，所以千万不要轻易步入补考行列，这会影响你的各项评优哦。

4. 重修

- 学习过程参与度不足 70%（含线上记录缺失、线下旷课等）将被取消考试资格，被取消考试资格或考试缺考的同学，不享有补考机会，需重修；
- 必修课程学期综合成绩不合格有一次免费补考机会（期初补考），经补考后仍不合格者，需重修；
- 重修学生需由学生个人通过教务系统提交重修报名申请，并于一周内至财务处缴纳课程学分学费（200 元 / 学分），缴费完成后单门课程重修人数满 30 人以上，原则上单独成班，低于 30 人插班跟读。如未能按期缴纳重修学分学费，会导致选课失败。因时间冲突或重修课程学期内未开设，顺延至开课学期修读。由此可能导致的学习年限延长，请知悉。

5. 学业预警

友情提醒各位学生，为帮助学赖及时采取补救措施，顺利完成学业，学校定有学生学业预警相关制度，每学期对达到预警级别的学生进行预警，表 3.4 为具体预警级别。

表 3.4 预警级别

预警级别	学生有下列情况之一者，给予相应学业预警
成绩预警（黄色警告）	一学期内因取消考核资格、作弊、缺考、考试不及格等原因造成课程不及格门数达4门者（补考后）
	一学期内累计不及格课程学分达8学分者
	一学期内无故旷课学时累计达到该门课程总学时1/3者，或连续无故旷课达一周者
	一学年内累计不及格课程学分达到12学分者
试读察看（橙色警告）	一学期内因取消考核资格、作弊、缺考、考试不及格等原因造成课程不及格门数达 6 门者（补考后）
	一学期内累计不及格课程学分达12学分者
	一学年内累计不及格课程学分达到18学分者
	连续2次被预警者
退学告知（红色警告）	一学年内累计所获必修课学分未达到应修学分的 1/2 者
	超过学校规定期限未注册又未履行暂缓注册手续者，未请假离校达两周者
	连续3次被预警者

Q&A

Q：如果我考试当天身体不舒服或者有其他状况不能来参加考试怎么办？

A：因特殊原因无法参加学院安排的相关考试（主要指期末考试，省级、国家级及各类统一组织的考试、考公、考证不在范围内），经学院审核情况属实且请假得到核准者，可教务系统申请办理缓考手续。

Q：反正都是不能考试，为什么还要办缓考手续？直接不来，不是一样能补考吗？

A：未办理缓考手续而不参加考试的，统一视作缺考。缺考和缓考最大的不同在于：

缺考的学生原则上 不能参加 学期初的补考。

缓考的学生在补考中的成绩，按补考的实际成绩录入成绩档案；而因考试不合格而参加补考的学生，补考成绩只能记作"合格"，会影响其在校期间各项评优。

◆ 选修 | 自作主张

大学的课程除了必修课外，还有部分选修课和分项课供同学们选修学习。同学们可以根据自己的兴趣爱好自由选择阳光体育（体育3和体育4）、大学数学、大学英语。

1. 选修课程

阳光体育

包括：篮球、足球、乒乓球、羽毛球、健美操、瑜伽……应有尽有。

大学数学

- 如果你的专业对数学基础有一定的要求，专业主任会指导大家进行数学课程的选修；
- 如果你对升学有一定的追求（专转本、专接本、专升本等考试中多会有数学科目），可以关注每年的选修通知，做好大学数学的选修。

大学英语

- 如果你对升学有一定的追求（专转本、专接本、专升本等考试中多会有英语科目）；
- 如果你期望在学期间能够通过国家英语能力等级测试（B级、四级、六级等）；
- 如果你有出国游、追美剧或者跨国公司就业的预期，大学英语是你的不二选择。

2. 操作流程

图 3.8 为选课操作流程。

- 打开学院教务在线网址
  （http://jiaowu.dyc.edu.cn/jwglxt/xtgl/login_slogin.html）；
- 快速访问方式：钉钉——教学助手——教务系统；
- 使用学号进行登录，初始密码为身份证号后六位。

- 点击选课—自主选课，进入选课页面；
- 点击查询，查询可以选课的课程；
- 根据页面提示的课程类别，进入课程选课界面，选择相应班级，点击选课即可。

- 选课结束后，点击信息查询—学生课表查询，查询本学期课表；
- 温馨提醒：请牢记所选课程及上课时间地点，避免进错教室。

图 3.8　选课操作流程

Q&A

Q：阳光体育、大学英语、大学数学一定要修吗？

A：为使学生拥有强健的体魄，根据教育部对体育教学的要求，阳光体育［体育（3）、体育（4）］隶属公共必修课程，在校期间必须修完，这里的"选修"主要是让大家选择自己喜爱的体育项目，鼓励学生投身体育运动。

大学英语、大学数学依据上述说明，学生可根据自己的需要选择修读。

温馨提示　大学英语和大学数学分（1）、（2）、（3）系列递进课程，需要选择大学英语（2）或大学数学（2）的学生必须要先通过大学英语（1）或大学数学（1）哦。

Q：为什么选修课程这么少？一般通识课程不是种类丰富繁多的吗？

A：因为我们在传统的通识教育中帮助学生精选了最有利于未来职业生涯发展的学习能力、思维能力、信息处理、人文素养等课程，并固化为我们的职业核心能力必修课程。这是学校对传统选修通识课程的进一步强化。

如果学生对别的通识课程也非常感兴趣，不要紧，我们强大的学习通平台给大家提供了更为丰富的线上课程资源，供大家自行拓展学习。

Q：错过了选课时间，还有选课机会吗？

A：可以的，每学期都会开设选修课，如果你第一次不小心错过了，下次一定要及时关注选课通知哦。

◆ 成绩 | 学习 KPI

成绩是检验我们学习效果最有效、最直接的方式，正如我们一直说的"考考考，老师的法宝；分分分，学生的命根"。让我们来了解一下如何掌控我们学习生涯的 KPI。

1. 成绩的构成

首先，成绩分为百分制和五级制两种。千万记好你的得分项，这关乎你能否顺利毕业。

考试课为百分制，总评成绩 = 平时成绩 ×50% + 末考成绩 ×50%；

考查课为五级制，总评成绩 = 平时成绩 ×60% + 末考成绩 ×40%。

其中，平时成绩包含出勤、课堂表现、平时作业、阶段测试或期中测试等。

可以看出，我们还是非常在意学生的学习过程的，只要注重平时的积累，通过考核 So easy！

2. 成绩的查询

个人成绩可凭个人用户（学号）及密码（初始密码为身份证号后六位），于每学期期初可以通过手机或电脑登录教务系统进行查询（图 3.9、图 3.10）。

图 3.9　教学管理信息服务平台

图 3.10 成绩查询界面

教务系统登录网址：http://jiaowu.dyc.edu.cn/jwglxt/xtgl/login_slogin.html。图 3.11 为教学管理信息服务平台登录界面。

进入网页后，在用户登录处输入学号、密码进入界面（首次登录记得完善个人信息并修改密码哦）。

图 3.11 教学管理信息服务平台登录界面

进入教务系统界面后（图 3.12），点击"信息查询"中的"学生成绩总表打印"，可查询学生入校以来的所有成绩。

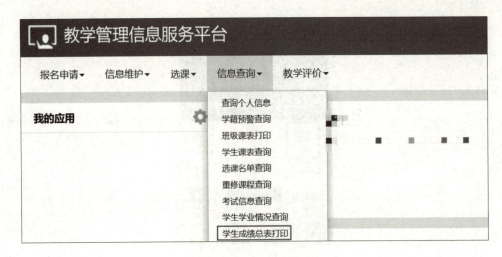

图 3.12 教务系统界面

Q&A

Q：如果对成绩存在疑问怎么办？

A：建议大家首先做好备忘，牢记自己的密码，不要轻易丢失。但万一丢失，也不要着急，如在教务系统登记过邮箱，可点击"忘记密码"，通过邮箱自行找回；如未登记邮箱，可通过钉钉工作平台"学生服务"栏中"教务系统密码重置申请"提交申请，密码会在24小时之内更改成初始密码（身份证后六位）。

Q：忘了密码怎么办？

A：建议大家首先做好备忘，牢记自己的密码，不要轻易丢失。但万一丢失，也不要着急，可以通过钉钉工作平台"学生服务"栏中"教务系统密码重置申请"提交申请，密码会在24小时之内更改成初始密码（身份证号后六位）。

Q：用户登录后，未进入教务系统操作页面，出现"提示：登录系统请完善必填字段"内容是为什么呢？

A：登录系统后，学生需先完成个人信息维护。具体流程为：点击右上角"申请"，依次点击"基本信息、学籍信息、其他信息、联系方式、学习简历"等模块，完成个人信息补充修改（注意：每个模块中带"*"号项为必填项），最后点击右下角"提交申请"即可。

评教｜权利游戏

学生的成绩是对教师教学成效的检测，同样，教师的教学态度、教学方法、教学能力的改善与提升也离不开学生的反馈。学校给学生多种途径、多次机会反馈在校的学习体验，进行成效评价。学生要对教师教学工作中的不规范行为大声说"NO"。

1. 学期教学测评

测评对象：每学期每门课程任课教师的教授情况和个人学习情况的自评。

测评目的：帮助学校了解每位教师每门课程的任教情况，作为教师教学评价的重要组成部分，鼓励教师以学生为中心、以成果为导向，不断改善个人的课堂教学。

测评时间：每个学期的第 16～17 周。

图 3.13 为评教流程。

- 打开学院教务在线网址（http://jiaowu.dyc.edu.cn/jwglxt/xtgl/login_slogin.html）；
- 快速访问方式：钉钉——教学助手——教务系统；
- 使用学号进行登录，初始密码为身份证号后六位。

- 点击"教学评教—学生评价"；
- 点击左侧"未评"课程，逐个选定每个教学评价指标对应等级，点击下方"提交"；
- 依次完成本学期所有课程的网上评教。

图 3.13　评教流程

Q&A

Q：任课教师会看到我们的反馈情况和评教情况吗？

A：绝对不会，所有的反馈和评教都是在线操作，你在宿舍就可以把评教这件事情给办了，而且我们的评教是匿名的哦，不会对学生产生任何影响。

2. 在校生满意度调研

测评对象：学生对于学校课堂教学、给予各位学生的学习机会、学业支持、学习资源，以及对教学的整体组织运营的综合感官（面向学校而非教师个人）。

测评目的：帮助学校对师资培育、教学组织、后勤保障等方面做全面综合的改善。

测评时间：每学年 11 月。

评教流程：相关职能部门将通过钉钉平台给每位学生发放调研问卷，各位学生在线填答提交即可。

3. 新生问卷调研

测评对象：大一入学新生。

测评目的：为提升新生入学后的学习、生活及社交体验，促进学校、学院采取更好的措施服务同学们的全面发展。

测评时间：新生入学后一个月内。

评教流程：相关职能部门通过钉钉平台或学习通平台给每位学生发放调研问卷，各位学生在线填答提交即可。

企业实习

◆ 目的 | 为什么要实习

教育部颁布的《职业学校学生实习管理规定》中强调，"职业学校学生实习是教育教学的基本环节和核心部分，与课堂教学等其他环节和部分有机衔接、相互促进，具有同等重要地位。职业学校不可随意组织实习，不可随意取消或不安排实习"。《昆山登云科技职业学院人才培养方案》中也对实习做了明确规定，实习是教育教学不可或缺的环节，是核定毕业资格的条件之一。

"讲人话"

（1）帮助你认识专业。世界那么大，你不去看看怎么知道你想象中的专业是不是现实中的专业？

（2）帮你感受职场。职业教育的本质就是让我们学会如何工作。

（3）优化你的履历。很多用人单位在招录工作人员时都会要求工作经验，所以从入学起，你所做的每件事都要为将来的履历增光添彩。

计划 | 各专业实习安排

各专业情况如表 3.5 所示。

表 3.5 各专业情况

二级学院	行业	专业		
学院	IT行业	计算机应用技术	计算机网络技术	人工智能技术应用
	机械行业	数控技术	模具设计与制造	
	自控行业	机电一体化技术	工业机器人技术	
	汽修行业	新能源汽车技术	汽车检测与维修技术	汽车智能技术
	轨交行业	城市轨道交通运营管理		
建筑与设计学院	建工行业	建筑工程技术	工程造价	
	装修行业	建筑室内设计		
	广告行业	广告艺术设计	数字媒体艺术设计	
	动漫行业	动漫制作技术		
管理学院	商务行业	现代物流管理	市场营销	电子商务
		大数据与财务管理		
现代服务学院	服务行业	酒店管理与数字化运营	高速铁路客运服务	
		智慧健康养老服务与管理	婴幼儿托育服务与管理	

说明：所学专业以当年度招生简章为准，以上供参考。
上述专业名称沿用 2021 年专业目录，如专业目录有更新，以最新版本为准。
同学们可根据自己所选择专业，查看本专业所属行业的行业课程。

各专业课程进度，如表 3.6 所示。

表 3.6 各专业实习安排

1. 工学院

批次	9 10 11 12 第一学期	1 2 寒	3 4 5 6 第二学期	7 8 暑	9 10 11 12 第三学期	1 2 寒	3 4 5 6 第四学期	7 8 暑	9 10 11 12 第五学期	1 2 寒	3 4 5 6 第六学期	7 8 毕
A批									跟岗	跟岗	顶岗/预就业	Capstone
B批											顶岗/预就业	Capstone

2. 建筑与设计学院、管理学院、现代服务学院——婴幼儿托育服务与健康管理

批次	9 10 11 12 第一学期	1 2 寒	3 4 5 6 第二学期	7 8 暑	9 10 11 12 第三学期	1 2 寒	3 4 5 6 第四学期	7 8 暑	9 10 11 12 第五学期	1 2 寒	3 4 5 6 第六学期	7 8 毕
统一									跟岗		顶岗/预就业	Capstone

3. 现代服务学院

批次	9 10 11 12 第一学期	1 2 寒	3 4 5 6 第二学期	7 8 暑	9 10 11 12 第三学期	1 2 寒	3 4 5 6 第四学期	7 8 暑	9 10 11 12 第五学期	1 2 寒	3 4 5 6 第六学期	7 8 毕
统一									跟岗		顶岗/预就业	Capstone

图例：■ 跟岗学习　■ 顶岗学习　■ 预就业期　■ Capstone & 答辩

说明：
(1) 跟岗实习：跟岗实习由学校或二级学院统一安排，优先考虑整班实习。从提升学生就业竞争力角度出发，各二级学院应依托行业背景及产业发展，选择专业所属行业大类或实习企业进行集中实习。
(2) 顶岗实习 & 预就业期：学生经本人申请，学校同意，可以自行选择顶岗实习单位。申请自行选择顶岗实习的学生必须自行组建至少3名同学形成实习小组，落实实习单位指导员，以保障实习期间的安全。顶岗实习与预就业期视跟岗阶段表现及学生就业发展弹性安排。信息反馈及教学指导。

◆ 内容 | 实习学什么

1. 课程结构

表 3.7 为课程结构。

表 3.7 课程结构

课程代码	课程名称	学分	侧重点	开设时间
COOP3901	职场精英	2	职场适应与职业态度	下企1阶段
COOP3902	领导力与执行力	2	工作效能	下企1或2阶段
COOP3904	专案改善	2	流程改善与问题改进	下企3阶段
COOP3903	创新管理	2	工作中的集成创新	下企3阶段

2. 课程内容

"职场精英"

课程旨在通过岗位认知、人际关系、沟通协调、压力管理、同伴学习、效率提升、职业规划等主题内容，从职业精神、工作观念以及自我管理与协作的方法等方面，帮助学生适应校园到职场、学生到员工之间的转化，能够运用基本的职业能力与工作方法，进入正确的职业发展路径。

"领导力与执行力"

课程旨在通过时间管理、冲突处理、Team 组建与授权管理、信任建立与凝聚力等主题内容，帮助学生在 Team 中实现执行力的强化与提升，领会团队协作与领导的重要性，认识个人管理以及领导力，为职业生涯赋能。

"专案改善"

课程旨在引导学生综合运用已有专业知识与技术，在实习期间通过记录与观察、系统思考与分析方法找出任一工作任务或工作流程中问题可能产生的原因，提出改进措施，撰写改进方案，并将方案与同事进行分享、交流与讨论，论证与实践其可行性，提升解决问题的能力。

"创新管理"

课程旨在引导学生在掌握创意概念与基础工具的基础上，将创意与工作进行有机的联结，从产品功能、产品外观、用户体验等元素着手，拉近创意思维与实际工作之间的距离，打开职业生涯发展的新领域。

◆ 政策 | 实习有什么要求

1. 教学要求

学生应严格按照上述专业实务课程的课程标准，按期完成实习教学任务的阶段提交任务，达到要求者才能获得实习教学环节的学分。

2. 企业选择

（1）跟岗实习由学校安排，学生不得自行选择。

原则上学校或学院为其提供在专业大类内同时段实习的机会 1～2 次（由各二级学院酌情制定）。如不能如期完成跟岗实习，以跟岗实习不合格计入成绩档案。

（2）顶岗实习学生经本人申请，学校同意，可以自行选择顶岗实习单位。

申请自行选择顶岗实习的学生必须自行组建至少 3 名同学形成实习小组，落实实习单位指导专员，以保障实习期间的安全、信息反馈及教学指导。

3. 考勤要求

（1）实习计划规定时间内，实习计划规定时间内，学生应按照学校相关规章进行考勤。

（2）考勤异常的学生原则上以周为单位，比照旷课相关规定处理。

（3）学生擅自离岗离企，将比照学籍管理规定相关条款处理（达到一定时限将予以退学）。

Q&A

Q：如果想申请自主选择实习单位要履行哪些手续？

A：可以通过钉钉工作平台"学生服务"栏中"学生实习岗位申请"提交申请，完成相关审核后签订顶岗实习协议，并将盖章协议以纸质或电子档案形式提交学校发展处备案。

▎升学途径

相信积极进取的你一定时刻准备着为自己加油充电，学校也为努力的你搭建了各种晋升平台，包括专接本、专转本。下面将对各种途径做简单介绍。

专接本

专接本教育是江苏省教育厅、江苏省自考委结合地方实际情况,在全省普通高校中开展的,针对在籍专科接读本科的一种新的高等教育办学形式。我校目前对接学校有南京财经大学、南京工业大学、苏州大学、江南大学、南京理工大学、南京林业大学、南京师范大学、盐城师范学院等八所大学。

1. 报名时间

报名时间为每年 4-6 月。即从专科阶段的最后一年开始,本科阶段学制为两年,即学制为"2+2"年。

2. 面向对象及报考要求

我校思想品德较好,成绩良好,学习认真、刻苦,遵纪守法,身体健康,普通专科在籍学生,相同、相近专业的专科学生均可参加专接本考试。

3. 报考专业及收费

表 3.8 为报考专业及收费情况。

表 3.8 报考专业及收费情况

单位:元/年

对接学校	专业	学费	代办费	住宿费	合计
南京财经大学	会计学	6 500	500	1 500	8 500
	市场营销	6 500	500	1 500	8 500
	物流管理	6 500	500	1 500	8 500
南京工业大学	工程管理	7 500	500	1 500	9 500
苏州大学	软件工程	7 500	500	1 500	9 500
南京理工大学	机械工程	7 500	500	1 500	9 500
南京林业大学	交通运输	7 500	500	1 500	9 500
南京师范大学	旅游管理	6 500	500	1 500	8 500
江南大学	数字媒体艺术	7 500	500	1 500	9 500
盐城师范学院	学前教育	6 500	500	1 500	8 500

4. 报名材料及相关流程

学生可到各班辅导员处统一报名,报名后自行支付宝交费。学生一经注册即取得自学考试专接本考籍。

5. 负责单位

负责单位为培训中心，地址：J2楼1楼105室，联系方式：0512-57800788-8366。

Q&A

Q：关于专接本的免修免考有何规定？

A：根据省自考委有关文件精神，专接本学生如果已经取得英语四、六级证书，则可申请办理英语免修免考；两门政治课（毛泽东思想概论、马克思主义政治经济学）在专科阶段已学过并且考试成绩合格，由原专科学校出具证明材料并加盖教务部门印章，可以申请办理免修免考。

Q：专接本考试如何进行？

A："专接本"的命题、考试工作由省自考办组织，承办高校具体实施。其中英语和政治两门公共基础课参加国家统考；10或11门（理工类10门、管理类11门）主干专业基础课和专业课一般由主考学校命题，省考办组织考试；其他非主干课程及实践性环节课程进行过程性考试，即由省自考办委托承办高校组织考试考核。考试时间为每年的4月和10月，学期考试不及格者可参加增考（时间为7月和1月），或参加下一年度的重修重考。

Q：专接本有毕业证书吗？

A：学生学完教学计划规定的全部课程（含实践性环节和毕业论文等，一般各专业设置的考试、考查及实践性环节课程为14门左右），成绩合格、思想品德符合要求者，颁发由江苏省自学考试委员会和主考院校联合盖章的国家承认的高等教育自学考试本科毕业证书，并实行电子注册。

Q："专接本"学生申请学士学位有何条件？

A：考试计划规定的全部课程（含实践性环节考核）成绩合格。
英语（二）单科成绩70分以上，其他学位课程平均成绩70分以上。
毕业设计成绩在良好以上。
在校学习期间未受过"记过"或"记过"以上处分。
符合上述条件者，可申请学士学位。

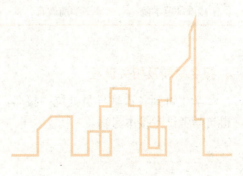

专转本

专转本考试为省级考试,是面向省内高职(专科)三年级在籍学生通过报考"专转本"选拔考试后转入普通高校学习的选拔模式。因专转本考试由省教育厅制定相关政策、省教育考试院组织,故学历为国家所承认。

1. 报名时间

一般为每年 12 月至次年 1 月,具体详见当年通知。

2. 面向对象及报考要求

思想品德较好、遵纪守法、身体健康。
在校学习期间未受记过及以上纪律处分。
修完学校教育教学计划规定内容,达到毕业要求,能正常毕业的大三在籍学生。

3. 报名材料及相关流程

报考学生根据教务处发布的通知在规定时间内完成网上报名,报名后由二级学院网上初审及教务处终审,审核通过后即报名成功。

4. 负责单位

我校专转本报名主要由教务处牵头,教务处联系方式:0512-57800788-8386。

Q&A

Q:专转本考试内容是什么?
A:报考专转本的考生均需取得全国计算机等级考试一级及以上证书。考试科目及分值为:大学语文或高等数学 150 分、英语或日语 120 分、专业综合 230 分(其中专业基础理论 150 分,操作技能 80 分),满分 500 分。

Q:专转本考试形式和计分方式是什么?
A:(1)大学语文和高等数学实行全省统一考试,以笔试形式进行,成绩以原始分计入总分。
(2)英语或日语不组织全省统一考试。专转本考试英语成绩按照考生全国大学英语四级考试成绩折算计入总分,折算公式为 $A1 \times 17\%$,$A1$ 为考生专科学习期间历次全国大学英语四级考试的最高成绩;日语专业考生日语成绩按照全国大学日语四级考试成绩折算计入总分,折算公式为 $A2 \times 120\%$,

A2为考生专科学习期间历次全国大学日语四级考试的最高成绩。

（3）专业综合考试（含专业基础理论和操作技能）按本科招生专业大类要求实行全省统一考试。

Q：**专转本考试时间在什么时候？**

A：大学语文、高等数学、专业综合的笔试时间为每年3月，试点类专业技能现场测试时间为每年4月（具体安排详见当年通知）。

Q：**如果专科阶段没有顺利毕业，但是专转本考试已经顺利通过，可以去报到吗？**

A：不可以。专转本新生必须凭专科毕业证书和录取通知书等材料到本科院校办理入学手续。

Q：**专转本学生入学后可以转专业或转学吗？**

A：专转本属于国家统招范畴，学生应按录取院校及录取专业继续完成本科阶段学业。